品牌有源

符号强化战略

伍小泉 著

中国商业出版社

图书在版编目（CIP）数据

品牌有源：符号强化战略 / 伍小泉著. -- 北京：中国商业出版社, 2021.9
ISBN 978-7-5208-1740-0

Ⅰ. ①品… Ⅱ. ①伍… Ⅲ. ①中小企业—品牌战略—研究—中国 Ⅳ. ①F279.243

中国版本图书馆 CIP 数据核字 (2021) 第 165545 号

责任编辑：侯　静　杜　辉

中国商业出版社出版发行
010-63180647　　www.c-cbook.com
（100053　北京广安门内报国寺 1 号）
新华书店经销
天津科创新彩印刷有限公司印刷

889 毫米 ×1194 毫米　32 开　6.75 印张　184 千字
2021 年 9 月第 1 版　2021 年 9 月第 1 次印刷
定价：55.00 元

（如有印装质量问题可更换）

谨以此书献给
抱有品牌梦想的企业主、创业者、
经理人、设计师、教师及在校学生

序

2014 年，是我从事品牌设计的第七年，我就想着将自己积累的一些经验和心得分享出来。

于是，我通过朋友圈宣布，要在“品牌有源”公众号每周五更新一篇原创观点文章，没想到受到了“源友”们的热烈欢迎与支持。就这样，2014 年在大家的见证与监督下，我连续更新了 30 个星期。

写作后出书一直是我的兴趣与梦想之一，通过这次实际行动测验，也给了自己更明确的方向；之后的 2016 年写了 37 篇，2017 年写了 75 篇，2018 年写了 62 篇，到 2019 年共写作观点文章超 200 篇。

我最初的想法是，每年写一本作品集，以这种特别的方式记录自己的经验和心得，但一琢磨又觉得不太现实，一是时间精力有限，二是靠自己的圈子传播，影响力十分有限。认真想想还是通过出版社正式出版最好，但限于内容还不够系统，就一直没有实现。

直到 2019 年，出书的计划才提上日程。今天你见到的这本书，内容主要源于这几年写的 200 多篇文章，我结合“品牌有源”五源方法：洞察源点—塑造符号—说出卖点—视觉营销—互动体验，精选了 50 余篇文章进行了系统化整理，希望能帮助更多成长型企业，通过从一点一滴的小处开始打好品牌的基础，从而少走弯路、稳健成长，早日实现自主品牌梦想。

我看市面上很多品牌营销或战略咨询的书籍，多是针对大企业或知名品牌的，它们的优势是能通过巨额的广告投放，快速让广大的消费者形成强势的品牌认知。

显然，中小企业直接照搬大品牌的做法是不现实的，我们需要找到适合自己的发展路线。

我从事品牌设计行业十余年，一直致力于中小成长型企业的品牌策划与设计服务。本书主要分享中小成长型企业的案例，它们可能还不算成功案例，品牌也不够知名，包括我自己也还需要持续努力。本书分享的案例中，也会通过一些知名品牌来阐述观点，毕竟这些成功的大品牌的大体方向，以及很多细节是值得我们学习的。

我们可以问问自己：

我们是否做到了它们的阶段？

哪里是我们要去的地方？

有没有哪些是可以学习的细节？

哪些是我们也可以马上去做的事情？

哪些是需要我们从长远来规划并逐步落实的目标？

……

希望你通过阅读本书能够做到：

明确方向，学习实践，深度执行！

在这里，我将自己的心得体会与你分享，如果你觉得有帮助，也希望你把自己的收获分享给身边更多的人，要相信越分享就越有收获。

未来，我们一起努力，一同成长，共创品牌！

伍小泉

2019 年 11 月 15 日于东莞长安

目录

第三章　口号话语（说出卖点）

第四章　形象包装（视觉营销）

第五章 体验传播（互动体验）

第一章

品牌定位（洞察源点）

五彩世界，品牌有源

常听到企业伙伴说“我要创品牌”“我要做连锁”“我想面向全国”“我要进行品牌升级”……可是我发现很多伙伴以为，品牌就是想个名字、设计个 LOGO、注册个商标，或者做一套品牌识别系统……我们是否真的清楚品牌到底是什么？为什么创品牌？

关于名字，它可以是一个故事、一个数字、一句俗语、一个菜名、一种印象……一个既可以在工商局申请执照，又能在商标局注册专利，更适合在消费者认知中植入以及口碑相传的符号。是的，一个好的名字，是品牌成功的基石。可如今想起一个好的名字非常不容易，因为我们能想到的，可能 N 年前人家就已经注册了。不过机会还是有的，就看我们如何变通与创新思路，当然也需要一些运气。

关于 LOGO（标志），很多人以为就是图形，且最好是有创意的那种。其实这是一个误区，首先我们要了解设计 LOGO 的目的并非让人记住图形本身，而是要让人记住品牌的名字。苹果 LOGO 之所以只有图形，是因为图形本身已明了，一看就知道是苹果；耐克 LOGO 也不是一开始就只有那一个钩的，起初也是搭配英文名 NIKE 一起推广，当大众都记得了这个钩就是耐克之后，就不需要再用 NIKE 来识别了。

关于商标，它的作用是区别于同行，还有品质的保障或承诺。但有一个前提需要清楚：如果仅是在商标局注册，那只能叫“商标”，只有在消费者脑海里中完成植入的商标才是品牌。比如我们经常见到一些知名品牌进行商标升级设计的新闻，这一举措依然是为了区别于对手，争取领先优势，更重要的还是快速抢占消费者的认知。

从定位理论创始人杰克·特劳特的定位理论角度来看，每一个品类，消费者通常会最先想到两个首选品牌（商标）（最多只能记住七个）。比如，说到可乐，我们会想到“可口可乐”“百事可乐”；说到凉茶，我们会想到“加多宝”“王老吉”；说到炸鸡汉堡，我们会想到“麦当劳”“肯德基”；说到手机，我们会想到“苹果”“华为”，当然也有人会说“苹果”“vivo”，每个人脑海中的印象不一样，这就是品牌传达下的认知结果。

你或许会说，这些都是知名商标，与我们成长型企业有什么关系？其实除了产品品牌，还有一种是企业品牌，比如提到加工制造，我们都知道有个“富士康”，也就是说，提到各行各业，消费者都会有自己的一个认知；不一定需要让所有人都认识你，只要在企业自身所在领域让消费者第一时间想到你，那你就成功了，这就是一个成功的商标，也就是品牌。

关于品牌形象设计，在我的印象中，很多企业伙伴多是从身边朋友那里了解到需要做 VI 设计这件事情的，但还没搞明白 VI 是个什么东西，只知道要有一本看起来高大上的 VI 手册。如果是这样的话，很可能这个钱就白花了。

在考虑进行 VI 规范之前，我们要先了解它是什么，对企业有什么帮助。VI 是英文 Visual Identity 的简称，译为“视觉识别”，也可理解为企业形象的系统体验设计，目的是塑造企业及品牌的独特气质。企业通过VI设计的导入，对内加强员工的认同感与凝聚力，对外树立专属的品牌形象，以更好地区别于同行，让客户更加信赖、形成认知。了解这些之后，我们再来看VI设计工作就会有不同的看法。五源设计（笔者创立的五源品牌设计公司的简称）坚持认为：VI设计不等于VI手册，手册只是个说明书，VI的价值在于一定要真正落地，然后增加曝光率，让你的客户真实体验到它的魅力。

品牌的形成是一个长期积累的过程，绝不只是设计个LOGO、注册个商标，而需要作为企业老板的你，从一开始就规划好航向，并坚定不移地前行！你想什么就会吸引什么，你像什么就会吸引什么，你做什么也会吸引什么。

五彩世界，品牌有源。

生意难做？那就开始创立品牌吧

为什么生意越来越难做？

有人说：“如今经营压力加大，整个宏观经济大环境不容乐观，你看街上多少门店在转让……”

也有人说：“做各行各业生意的人越来越多，而市场需求、容量是有限的！”

还有人说：现在原材料各项成本，加上人工成本都越来越大，而给客户的报价不仅没涨，反而因为各种竞争压得比以前低了。

要我说，以上原因都是正常的，也是市场经济发展的必然趋势，这些都不是我们能通过抱怨而改变的。

我们是否应该想想，还有没有其他办法可以提升价值呢？

我认为当务之急是提升自己的品牌意识，因为不管企业大小，从长远发展的角度看，还是要创建属于自己的品牌，才能真正持续地创造全新价值，以及达成前所未有的竞争力！

之前曾看到：2018 年全球品牌价值 100 强中，中国仅一家品牌入选！而 99% 的百强品牌都源自国外，可见其必有值得借鉴之处。

为什么咱们的强势品牌那么少？

有很多原因，我认为跟咱们的教育基础有关，虽然近年来国内出现了大批的优秀新锐品牌，很多传统企业主大多没有品牌意识，多是为了不断求量、赚点儿快钱或者走一步算一步，这就导致很多行业进入了恶性竞争状态，最后，被外来的品牌抢占了大部分的市场份额。

所以，不管市场如何变化，越是危急时刻，越是品牌发力的大好时机，要么是你先抓住，要么就等着被同行挤走！生意难做怎么抱怨也是没意义的，不如现在开始着手创立品牌吧。

为什么品牌才是最稳定的流量源

说到“流量”一词，我们可能会想到网站的流量（主要源于关键词优化、竞价推广），还可能是展会上的客流量，或者街铺上的人流量。然而在今天的移动互联网时代，各个环节的流量成本已经逐年增高：

关键词优化SEO看似简单，却很少能坚持去做，时间成本巨大。

竞价点击费越争越高，还有不少恶意点击，钱花了不一定有成交。

展会上精准客户越来越少，参展成本越来越高，同行相互压价。

街铺租金成倍涨，好的位置转让费贵得夸张，差不多白为房东打工。

种种迹象表明：传统的生意与产品买卖越来越难做，风险越来越大！那么，对于成长型企业来说，还有没有其他的流量机会可以争取呢？

有这样一位总裁说过：“如果我的企业一夜之间被火烧光，第二天我就可以凭借品牌和标准化管理，再造一个新的企业。”这个企业就是可口可乐。

说到这里，很多老板或许会说：“可口可乐是知名大品牌啊，和我们有什么关系，我们还没到那个阶段，等企业发展了，赚到钱了再创品牌吧。”

可是你知道吗？可口可乐在生产的第一年只卖了25瓶！没错，创品牌一定不是马上就能盈利，而是相信自己，永不放弃！今天我们再来看可口可乐品牌值多少钱，英国品牌评估机构Brand Finance发布的“2017全球最有价值的软饮料品牌25强”排行榜中：

可口可乐品牌价值为 318.85 亿美元，名列第一位。

名列第二位的百事可乐价值为 182.79 亿美元。

红牛品牌价值为 67.38 亿美元，名列第三位。

为什么说品牌才是最稳定的流量源？

1. 品牌是最有潜力的投资；

2. 有品牌才有话语权；

3. 有品牌等于高溢价；

4. 快速解决信任感；

5. 容易建立口碑与忠诚度；

6. 国家大力支持品牌建设。

2016 年李克强总理在南昌考察时也特别强调要“在世界打响自己的品牌”，这不仅能提升企业的竞争力，也会倒逼企业对产品品质提出更高要求。

品牌如人，你想消费者怎么对你，你就应该想想怎样做更好的自己；企业本身也可以是一个品牌，企业创始人更是企业最佳的代言人！

五源设计虽然定位只做一家小而美的设计公司，但我们始终将公司当成品牌来经营，我们将每一次委托都看作一次历练和品牌案例的积累，最大的梦想是帮助更多的成长型企业绽放新精彩，助力创建自主优势品牌。

五源设计最早期的网站主页，其中的广告语“五源设计，创造奇迹”，现在看来有点自负。

但回头想想，正是当年的那份自信与激情，才让五源品牌稳健地成长至今！相信，只要梦想不止、初心犹在，奇迹总会发生！

重要的事情说三遍：

品牌才是最稳定的流量源！

品牌才是最稳定的流量源！！

品牌才是最稳定的流量源！！！

中小企业如何确立品牌定位

定位不对，努力白费！如何确立企业自身的品牌定位，是品牌营销中非常重要的基础环节。而对于中小企业来说，多数都是不明确的。比如，我们拿到名片一看就会发现不少问题，在我这么多年接触的企业中，名片一般会有两种问题：

第一种，看名片都不知道企业是做什么的。

比如，很多企业名片只有公司名称和联系方式，但是公司名称只是 ×× 科技有限公司或者 ×× 电子有限公司，却没有一句能说清企业服务或产品的话语，这会浪费很多传播机会。

第二种，经营范围非常多，却没有主打产品。

一些名片，要么公司名称一连串（多个产业），要么背面经营范围写得密密麻麻，给人感觉“只要你需要，什么都能做”，这也会让人不知道你是做什么的。

以上两种情况，就是常见的企业品牌定位不清晰的表现。

那么，如何才能更有效地确立企业的品牌定位呢？

第一，明确“我是谁”；

第二，厘清“我的客户是谁”；

第三，找出“我的优势是什么”。

一、我是谁？我是做什么的？

多数中小企业为了增加销售机会，总是多业务多产品同步开展，不想错过任何一个展现的机会，不管名片、画册、手提袋还是招牌，所有业务都打上，生怕别人看不到。这是很致命的做法，会丢失很多机会。

举个自己刚经历的例子：

有一天，我顺道去一个汽配城给车窗更新贴膜，那里很多店面都是什么都有得卖的那种，但我目的很明确：只需要换贴膜。于是我就只想找专业贴膜的。

我开始发现第一家招牌直接打着“×× 牌防爆膜”（非知名品牌），但只有两个小年轻在店里，简单咨询了一下感觉不是很放心，就想换一家再看看，于是往前 200 米看到一家招牌上红底白字打着专业贴膜四个大字。店主很热心，给我介绍了三种品牌的性能对比，也给了不少建议，很快我就确定在这儿做了。

师傅在工作的时候，我在店门口瞄了瞄才发现，原来他隔壁也有一家做贴膜的，但他们只在招牌三分之一的左下角写着“专业贴膜”四个字。然后右边三分之二写了经营范围：隔热防爆膜、音响、导航、维修，还有电话。

这就问题大了，我猜大量的顾客就是因为这样“没看到”而直接流失的！

正常情况下，招牌只突出一个主品类才是明智之举，因为顾客是通过品类与品牌进行思考和选择的。比如很多餐厅招牌直接以一道菜名为主菜是一样的意思，想想如果一家餐厅招牌上打满了菜名，你还会有去吃的欲望吗？

所以，一定要明确自己到底是谁，专业是做什么的，一句话能说清楚，最好！

二、我的客户是谁？或者我想做哪一类的客户？

这年头你说所有人都是你的客户，肯定是很不现实的。每个行业的市场蛋糕都非常大，你只要找准适合自己的那一部分，再通过产品、品牌、服务、口碑的积累，就能获得大量机会。

如果你已经是经营了数年的成长型企业，最好不要总是“自以为”客户是 ×××，实际上可能就是“自以为”害了你！

你需要花点时间，静下心来，好好地梳理一下以往服务的客户，以数据说话，看看以往哪一类客户占比最多，哪一类客户前景最大。

三、我的优势是什么？

这里所指的优势也不是自己以为的，同样是基于所定位客户群体的核心认知，以及了解行业竞争者的优势而来，也就是：客户想要的 + 同行没有的。

当然，每个企业和不同行业的优势都有所不同，一方面需要企业通过以往的经营去发掘，还有通过计划性的投入加强优势塑造，比如研发更多新型产品专利、引进高端人才及设备、委托设计公司进行品牌形象规范设计，等等。

总之，对于“我是谁”“我的客户是谁”“我的优势是什么”这三点，不论企业大小，都需要决策者花精力去总结、去执行，只有我们明确了企业的品牌定位，才能让企业在未来经营中更稳地立于不败之地。

五源设计在助力企业提升品牌形象时，都会对企业现状进行调研分析，帮助企业梳理出清晰的品牌价值定位，这个定位决策并不是我们单方面制定的，而是从企业品牌源点以及创始人的愿景出发，再与企业决策者进行融合而来。如果客户能按上面所说三点，提前做好工作再进行融合，相信价值力点会更加正确。

想快速提升企业竞争力，做好这几点

很多企业在市场推广过程中，因为企业整体竞争力不强，时常缺乏议价权，总是被客户牵着鼻子走。对于这样的企业，我想只要执行了以下经营策略，你的企业竞争力将立刻提升 N 个台阶。

本内容主要解决三个问题：

第一个问题：如何让客户一开始就被吸引？

第一印象很重要，必须第一时间让客户感觉到企业的与众不同，如何做到呢？一是分析客户需求；二是展现更好的形象。

切记，客户在不了解你的企业的时候，一定是从第一感官出发的，比如在展会上，我们必须第一时间吸引他们，然后才有机会进一步沟通与了解。所以，不要以为只要把产品做好就可以了，虽然产品是打造企业核心竞争力的基础，但我们一定要认真去分析客户的核心需求是什么，他们在寻找供应商的第一时间，多数是缺乏安全感的。

为什么企业需要重视企业形象（VI 设计）的塑造，其实就是要尽可能展现企业更好的形象，为了让顾客第一时间获得信心与安全感。

第二个问题：如何让客户进一步觉得你的企业可信赖？

当前面第一印象被客户接受后，进一步了解企业的可能性就大大增加了，这时单靠形象体验显然不足以让人信赖。

接下来就得通过更多的信息与内容加以充实，比如广告语、宣传文案（购买理由）、产品的差异化设计与优势卖点展示以及销售服务人员的专业性引导等，都是非常重要的顾客体验环节。

1. 广告语一定要直观凸显卖点（不绕弯、简单直观更有效）；

2. 购买理由要用事实说话（不夸张、不吹嘘）；

3. 要做好产品设计与展示（外观设计与功能同等重要）；

4. 服务人员的专业性（一定要从客户需求出发，为客户着想）；

……

第三个问题：如何让你的企业成为客户的优先选择?

经过以上两大细节的把握，相信客户对于企业的信任感倍增。然而你的企业到底能不能成为客户的优先选择，肯定还有其他因素的影响。

1. 企业是否具有品牌影响力?

客户在选择供应商时，一定会找更多企业甚至大品牌进行综合比较。虽然你的企业规模并不大，但如果你有品牌意识，一开始就找准了自己的定位，想了个好名字，早早地注册了商标，而且找了专业的 VI 设计、包装设计和品牌策划设计，那么肯定更容易成为客户优先选择的对象。

2.VI 设计是否塑造了有源符号?

VI 设计不等于 VI 手册，很多企业没弄明白这个问题，要知道实效的 VI 设计，必须得让客户产生共鸣，这就需要有些不一样的载体。五源设计的标准就是塑造有源符号，它可以快速地拉近与客户的距离。

3. 你的产品、服务是否同质化？

这一点应该不用多讲了，如果你的产品、服务在同行那里买不到，那么你的企业竞争力就更高。当然，这可能是一个长期努力的过程。

4. 定价是否合理？

产品或服务的定价，不是越高越好，当然也不是越低越好卖。我的观点是可以根据自己的不同发展阶段来定价，比如小米手机从开始一直定位为高性价比，同样的配置它的价格就是比市场价便宜不少。

据说小米最近推出的新款手机将打破“高性价”，因为真正的产品性能要达到全新的高度，还是要投入更多成本的。如果你的品牌像小米这样，已经积累了大批的粉丝，稍微卖贵一点，我相信他们也是可以接受的。

5. 后续服务怎么样？

我想这对于客户来说，也是非常重要的一点，如果这点做不好，也难有口碑可言。拿我们品牌设计公司来说，经常遇到一些客户反映有被“坑”的经历，导致之后找其他任何设计公司都半信半疑，这是我最不希望看到的现象。

所以，五源设计自始至终都坚持三点：

1. 绝不忽悠客户，做不到的事情不轻易承诺；

2. 客户的事就是自己的事，尽可能让企业少走弯路；

3. 让客户无后顾之忧，合作后有什么问题将尽心配合解决。以上就是快速提升企业竞争力的基本要素。有没有效果，只有你认真思考并大力执行后才知道，五源设计十几年来就是按以上标准走过来的。

五源知识产权矩阵

伍小泉®　品牌有源®　有源符号®

企业到底要不要做多个品牌

现在各个行业都可以说是快速发展、快速竞争，要真正做好一个品牌并不简单，而我们所熟悉的很多知名品牌，都是先做好一个主品牌，再延展多个副品牌设计来进行市场布局的。

比如农夫山泉在做好纯净水的同时，也做了其他创新饮料品牌设计战略布局；步步高在做好电话、家教机的同时，又独立创建了OPPO、vivo、imoo、小天才等多个单品牌；沃尔玛在做好全球连锁超市的同时，也创立了几个自有品牌在自家商场销售等。

当然，品牌要真正做好，需要投入大量的财力、资源等，大企业可以这样做，对于中小企业来说未必可行。千万不要盲目地参考大企业的做法，最好还是根据自己企业的资源优势进行布置设计，如果有条件或者必要的话，多品牌也是能够促进消费者黏性的一种策略。

比如五源的一个客户：厦门鹭昌盛粮油有限公司，它的情况就如沃尔玛一样，先有自己稳定渠道与门店卖场，之后又做了几个自己的品牌设计布局。我觉得这样挺好的，不增加过多成本，还可以不断积累自己的品牌价值。

米阳

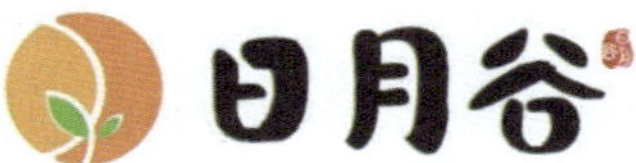
日月谷

宜谷
五 谷 宜 为 养

新锐快消品类定位与设计思考

快消品，即快速消费品，可以说是我们日常生活中必不可少的产品。每个快消品类都有不少知名的品牌，比如凉茶我们都知道有加多宝、王老吉，牛奶有伊利、蒙牛，可乐有可口可乐、百事可乐……

可我发现有个品类有点儿不一样，那就是辣椒酱，我们可能第一会想到老干妈，那第二呢？是的，这在我们脑海中的印象是模糊的，因为老干妈可以说是顺应时代潮流发展起来的，到目前为止还没有哪个品牌能占据辣椒酱品类的第二认知选择。

另外，辣椒酱品类跟我们的一日三餐息息相关，而人们吃饭总是容易腻味，再好吃的菜，天天吃都会腻，不要说是老干妈了。还有现今的年轻消费者的消费观也有所变化，他们不再迷恋于老品牌，他们更愿意尝试新鲜的、更美好的事物。基于这样的环境，这就给了其他新锐品牌更多的突围机会。

津津有味（江南风味）辣椒酱就是在这样的环境下诞生的。42岁，正是当年老干妈陶华碧开始创业的年龄；42 岁，同样也是津津有味品牌创始人尹总第五次创业。2016 年初，尹总在微信朋友圈找到五源设计，咨询品牌升级设计事宜，陆续交流中发现尹总早在 2014 年就关注公众号“品牌有源”了，而且加我个人微信也有一年多时间。

也就是说在此前对五源设计及我本人，尹总都有一定的了解。而五源设计在此前还没有做过快消品全案设计的案例，当然尹总开始咨询我的也不是全案，只是想进行产品包装的升级设计。

而我在更进一步了解了津津有味的品牌现状后，基于以前做过的一些单项包装设计经历，我认为想要达到更高更远的品牌气质，必须从品牌全案出发，从品牌定位、口号话语、LOGO、有源符号、VI 系统设计再到系列包装设计，这样整体下来才能真正解决实质问题。

我们很多老板会误以为包装设计就是标签设计。比如，对于辣椒酱产品来说不就一张纸吗，能有多复杂？而实际上，要知道这一张纸所包含的内容是全方位的：品牌定位、品牌名称、品牌符号、色彩识别、文案，等等。

经过几次深入沟通，尹总特地从江西南昌来到东莞长安万达，在五源设计会客室我们进行了面对面的探讨，最终达成了合作共识。我们通过对行业的深入调研，实地前往超市货架考察、验证，以及对津津有味品牌的背景分析，全面洞察品牌源点，最后提出以直观展现津津有味品牌个性的“有味哥”形象，作为品牌专属的有源符号。

津津有味原来的黄豆卡通形象只停留在大众商标阶段，而没有形成优势的形象载体。黄豆的概念只能代表产品，无法代表品牌，更不能代表品类，它不是一个可以延展、创意和借力的形象，也就不是一个独特优势的品牌符号。而全新的“有味哥”标志，既完美地体现了津津有味的品牌气质，同时更具亲和力、更具差异化，在包装应用、广告自媒体的延展中也更胜一筹。

由于津津有味品牌名称有四个字，我们特别设计了两种展示方式，再配以大家所熟悉的格子桌布纹理进行辅识别。在合作之前尹总就问过我，他们的包装到底应该突出品牌还是品名，我觉得肯定是突出品牌。以前的包装最大的问题如下图所示：

整体上基本看不清品牌，视觉形象也是一片混乱，毫无品质，这对于品牌推广来说绝对是致命的问题。

下面这些图片就是五源设计为津津有味品牌升级设计的系列产品包装形象：

为了更好地达到品牌推广效果，五源设计还就“有味哥”形象进行了人格化延展设计，以年轻化 Q 版卡通形象为自己代言，再配合一些生活化的文案互动话语，让广告画面自己说话，快速拉近与受众的关系。

2017 年 1 月，津津有味品牌与五源设计正式达成了品牌年度管理设计战略合作伙伴，当时其所有品牌形象与符号战略，都由五源设计团队配合支持。

2017年3月津津有味品牌首次亮相第96届成都全国糖酒会时，就取得了喜人的成绩！

尹总反馈说：在第96届成都全国糖酒会上有三大核心亮点：

第一，包装设计。

几乎所有的辣椒酱厂家都到津津有味展位来拍照留念，有95%以上的客户与经销商是被津津有味包装吸引过来的。

第二，品类。

有95%以上的客户对津津有味推出的江南风味辣椒酱品类赞赏不已。

第三，真材实料。

95%以上的客户对津津有味风味辣椒酱里面的泥鳅、鱼块、鱼子、牛肉等用真材实料来做表示惊讶后予以高度认可。

我们总结了一下，发现客户对津津有味江南风味辣椒酱的喜爱过程为：

外包装设计吸引—品类的惊喜—真材实料的赞美！

做好产品是做好品牌的基础，做好品牌是卖好产品的核心！开创新品类，做出高价值的产品，才有价格的话语权，才不至于一开始就陷入同行的价格血拼。

当然，站在品牌设计的角度来看，再好的设计都离不开更好的执行。落地执行这一点，津津有味是做得很棒的，我必须为“有味哥”点赞，也得说一声感谢！

津津有味

津津有味
比菜更有味
0791-88811111
津津有味食品有限公司
原料库
LIBRARY MATERIALS
更　鞋
切块成型
洗涤间
内包消毒
称重配料
腐乳灌装
传递门
化验室
真材实料
更有味

为啥有的店“不好吃”，但生意还不错

朋友圈一位武汉的朋友阿灿，写了一篇关于广东肠粉店定位的文章。他说武汉有家肠粉店生意一直不错，每次他去吃的时候都要等上 5 ~ 10 分钟，店里就夫妻二人，他发现老板之所以不想请人，可能是不想把做肠粉的经验透露给别人，因为他钱赚得很舒服。

这让我想起了自己，果然是同类相吸，我也很喜欢观察生活中身边的这些实体经营情况。

据我观察，广东有非常多的这种夫妻档肠粉小店，而且每家店的口味都不尽相同，甚至我个人感觉有的店做的肠粉实在是“不好吃”。

我个人算是比较挑食的那种，基本上觉得不好吃的话，一般不会去第二次。但是，我发现不好吃的那些店，人家依然每天座无虚席，生意都不差！

比如，我喜欢吃烧鸭，特别是广东烧鸭，前几年身边开了一家果木烤鸭店。我尝试去买过一次，才发现是北方烤鸭，连吃法都不一样，皮肉、骨头分离，还给你送几个大葱和面皮。我吃过一次就感觉不对味，觉得还是广东的烧鸭更有味。

可是人家这店生意一直不错，每年节假日生意更好。

慢慢地，我想明白了。对于餐饮、小吃店来说，众口难调，跟我们做设计也是一样，不可能让所有人都满意。你认为好吃的，别人不一定喜欢；你认为不好吃的，肯定有人会喜欢。你要做的就是保持自己的风格，服务好属于你的那一部分顾客，生意自然就不会差到哪里去。

阿灿说的老板不想请人，可能是担心人家学走技术，我不大认同。因为肠粉店的生意主要是早上 6 点至 9 点这 3 个小时左右，其他时间基本就没事了（所以没必要招人），而且对于做单品的肠粉小店，两个人配合刚刚好，也不用担心客人流失，真正喜欢他们家口味的顾客，等个 10 分钟也是愿意的。

对于传统小吃店来说，最好的营销就是一致的口味、回头客的口碑！从另外一个角度，餐饮店如果要想连锁化、品牌化就不是这么简单了。

品牌型餐饮店肯定不是多招几个人就可以的，也不是将形象设计好就行，准确地说得先有个好的商业模式定位，以及分工明确的运营团队，还有可以满足更多消费群体的标准化产品，更重要的还得考虑一个合理的产品定价，等等。

我特意观察了东莞长安万达 3 楼的品牌餐饮业态，这里的餐饮店基本投资都得 200 万元以上，3 年以来，我见过太多餐饮店没开几个月、半年就关门走人的。

但有一家定位做客家菜的餐饮店，3 年来生意一直很好，节假日饭点基本都要喊号。我分析总结了一下他们店的优势：

一是顾客群定位精准。客家人群遍布广东、江西、福建等地，因为菜色可素可荤，可辣可不辣，关键都是家常菜，自然容易受多数人喜欢。

二是形象设计现代、简约、时尚。环境装饰复古、有亲和力，有回家的感觉。

三是定价合理，消费中等。人均消费 40~60 元，适合带家人、朋友聚餐。

而那些生意不好到关门的餐饮店，多数问题就是顾客群定位不精准，口味过于特别或同质化，或者价格太贵，导致没有回头客与口碑相传。

现在，还有一种现象就是，很多餐饮品牌多是靠加盟运作，而众多加盟者不一定有经商经验，见人家生意做得好，然后手头上有些闲钱，就跟风加盟，而导致盲目投资，根本没考虑到商业品牌经营的方方面面。

也有一些原来是打工者，总想着给人打工没意思，以为自己开店做老板很容易。于是，听说开 ×× 店利润高、有钱赚，然后辞职不干了，可是现在开个小店投资也不小啊，位置好的地方转让费也要几万到几十万元不等，所以初始资金还得找家人借。

这种情况就很危险，通常做一件事情，如果开始就想着赚钱，那么很可能就要面临亏本，因为理想与现实是有差距的，关键他不一定做好了充分的准备。

对于这种动用全家积蓄去开店的做法，如果失败，从头再来的可能性就很小了。

要不就像那些夫妻档一样，找一件自己擅长或者夫妻能互补的事，投资不要太大，慢慢积累，也是稳妥的做法。

开店有风险，投资需谨慎！

关于设计公司的定位

之前跟一位朋友聊天时谈到商业模式与定位问题，他认为任何行业都应该专注细分市场，即在某个行业领域深度延伸，从而在行业逐步建立高知名度与核心优势。比如设计行业，他提到深圳有位设计师就是专注净水行业的形象设计十几年，目前在深圳净水器行业已小有名气，客户资源都来自业内推荐。因此，朋友也建议我可以考虑向这个方向转型，选择一个行业专注下去，慢慢就可以更稳定。

其实，这个问题我也考虑过，他分析得也有一定的道理。这样定位最大的优势就在于对“业务成交”有利，也可以降低很多沟通成本，因为客户找你合作时，大部分情况对设计公司已经有了基本的信任。

但是，我想说，这不是我想要的状态。专注一个行业在业务成交上是有帮助，但我个人觉得同一个行业做久了，一定会形成一种惰性，也就是慢慢会变成所谓的“流水线”设计。

比如上面朋友谈到的那个专注净水器行业的设计师，据了解收费不算贵，但也不便宜（低于3万元是不接的）。我有看过他的设计作品，第一眼看感觉是有点高端、大气，这点对于设计外行的中小企业老板来说还是能搞定的；但是我仔细看就感觉是一个“流水线”的东西，是两三天就能搞定整套VI那种，LOGO也是直接山寨，找人家的元素过来拼了拼，字体更是直接用了电脑字体。

专注是必需的，只是我认为每个设计公司的专注点都不一样，一定不是一开始成立就选定一个行业去做的，除非已经有一定的资源，若是没有的话，要么结局惨淡，要么就是靠低价走量来维持。很多设计公司的专注点转型，都是碰巧在某个行业积累了众多客户案例，并且占比明显从而被逼迫转型的。

五源设计多年来一直只专注一件事：品牌形象整体定制。没有定位专注某个行业的原因主要有以下三方面：

一、学习、体验、成长比赚多少钱更重要

我个人选择品牌设计行业的最大动力，就是能够有机会接触不同的新鲜行业，每一次新的项目，对于我来说都是一次全新的挑战，更是一次学习与提升的好机会。虽然在接洽没有成功案例的项目时，总遇到难以让甲方信服的情况（大众认知总以为做过就专业），但我相信只要我们足够用心，准备足够充分，一定能遇到眼光独到的客户。庆幸的是，五源设计自成立以来60%的新签项目都是第一次合作的新行业。

二、接触行业广才能更理解商业设计的要领

跨界学习是最好的设计差异化解决方案之一，有时在这个行业难以解决的问题，可能另一行业已经超前多年。

与不同行业、不同企业、不同领导接触，或多或少都能影响设计公司的思维成长以及眼界拓展。俗话说“隔行如隔山”，假如你真的只做一个行业的话，那可能真是“与世隔绝”了。

比如另一朋友以前也跟我提过一位装饰设计师的定位：这位设

计师早期是在东莞某装饰公司上班画效果图，后来某一天突然不干了，然后回家乡单干做自由职业者，专职帮人画效果图（全国接单），没几年也买房买车了。但是这样单调重复的事业真不是我想要的结果，或许是人各有志吧。的确每个人每个设计公司都有自己的追求或定位，但就个人经验来讲，品牌设计公司多做些不同行业的设计解决方案，一定会比单一做某个行业的公司更懂得商业设计要领，因为大多数人都是在一个圈子待久了就慢慢磨平，变得不思进取。

三、设计的相通性比想象中更有潜力

有些行业的确是隔行如隔山的，比如我们做平面设计的，你问我会不会理发？会不会做蛋糕？会不会建房子？会不会做衣服？……那我只能说：“这，我真帮不到你。”但是，平面设计行业是相通的，毫不夸张地说，平面设计行业是容易跨界的行业之一，因为我们生活所见的一切东西或视觉感官都跟平面设计有关。

我见过不少之前从事平面设计的，之后转做空间、产品、UI、动漫设计等跨界行业而大显身手的案例。而我，只想在品牌策划设计行业扎根，同时期待与各行业合作，在每一次全新挑战中突破自己、提升团队，与客户共同成长，携手助力企业打造行业优秀品牌。

设计公司为何须具备多面服务能力

作为一家因互联网而生的品牌策划设计公司，五源设计一直立足东莞，客户遍及全国各地。东莞是全国著名的制造业之都，所以五源设计早期的客户群体多为工厂。

而这些企业多数是小众群体，即我们做了很多这样的案例，实际上大家很少有机会在外面能看到，即使很多企业都已经集团化、上市了，可实际上知名度依旧比较小众。这对于设计公司来说是比较尴尬的，很多新客户来咨询时，经常会问：“你们做过哪些大企业？” 然后一说基本都没听说过。

逐渐地意识到这个问题后，我就想着还是要做一些实体连锁店类的案例才行，这样起码大家都能看到、体验到，唯有让客户看到实际案例，才是最好的实力证明。

2012 年我们开始做第一个餐饮品牌设计案例：千打牛肉丸涮涮锅。我依然清晰地记得，当年为了做好这个案例，我们整整花了半年时间，从行业调研、品牌定位、价值梳理、LOGO 设计、VI 设计到 VI 导入指引培训，每一个环节我们都全心全意地为客户进行了百分之百量身定制的策划设计。今天千打餐饮店面已经遍及东莞各大镇街，现在有客户问我们做过哪些餐饮案例，一说千打基本都知道。

之后又陆续做了很多餐饮的设计案例，比如东莞长安的常龙烤鱼宵夜连锁、湘掌门家常菜，这两家目前在长安生意都非常火爆，虽然不能说生意好就是设计得好，但我认为恰当的设计对于连锁经营来说一定是有较大帮助的。

在 2014 年左右，我发现做连锁品牌设计也有些局限性，虽然周边的客户都能看到，可还是比较有地域性，比如千打在东莞比较出名，而多数外地客户却依然看不到，也无法实地体验。

我感觉有机会还是要做一些快消品案例，因为快消品可以通过互联网、商超渠道面向全国消费者，这对于设计公司来说也是比较有利的。之后两年也做过一些快消品的包装设计，虽然这些产品基本都没有成功运作起来，但起码也发现了一些问题，积累了不少经验。

终于在 2016 年初，来自南昌的津津有味食品找到我们，开始有了第一个快消品品牌全案策划设计工作。这一次正如之前第一次做餐饮设计一样，客户也希望我们把此当成“成名作”来设计。

在五源设计全体成员的协作下，一个全新的江南风味辣椒酱品牌津津有味成功面市了。津津有味在2017年成都全国糖酒会首次亮相就取得了圆满成功。

2017年，五源设计开始正式定位于企业、连锁、快消三大类目品牌策划设计服务。

那么，为什么要做三块，而不是只做其中一块呢？

第一，作为五源设计的创始人，我们一直比较喜欢挑战各种新鲜项目，因为每一次挑战，都是一次学习与修行的提升过程。十余年来，五源设计所接触的项目设计，60%是没有做过的全新行业，而企业、连锁、快消这三块其实可以概括市场中的主流行业。

第二，对于设计公司来说，只有同时具备了企业、连锁、快消这三块的品牌设计能力，才能真正理解消费者的全面体验，因为这三块的消费者表面上有所区别，实际却又相互关联。

第三，经过十余年的接触与摸索，我发现设计同行中普遍存在偏科现象：做广告的不懂VI设计，做VI的不会包装设计，做包装的不懂品牌设计等，而这些都是我们的优势。五源设计多年都致力于品牌形象全案定制设计，目的是帮助客户系统性地解决实质问题，而非局限于单一的设计。

基于如此的定位，我们要求团队也必须是全方位的能力提升，一专多能，团队每一个成员在强化核心能力的同时，还需要将自己的短板补齐，并逐步形成自己的方法体系。

所有的事，就是一件事：**塑造有源符号，强化品牌营销！**

第二章

有源符号（塑造符号）

什么是有源符号？吉祥物有必要吗

符号，是我们生活中十分常见的事物，符号的力量甚至可以超越文字。

百度百科说：**符号是指一个社会全体成员共同约定的用来表示某种意义的记号或标记。来源于规定或者约定俗成，其形式简单，种类繁多，用途广泛，具有很强的艺术魅力。**

符号无处不在，但不是所有的符号大家都认识，这一点我们作为品牌设计师一定要清楚，什么情况下应该用什么符号，什么符号是大家所熟悉的，什么符号是容易被误导的……都得思考清楚。

我在多年品牌形象设计从业过程中，对于符号的应用逐步有了一些自己的理解，2017 年初我正式提出了“有源符号”这个概念。

“有源符号”的提出，可以说是找到了早期我提出“五彩世界，品牌有源”的源点。因为一开始提“品牌有源”只是在心中有个模糊的概念，只是觉得品牌的形象一定是有源头、有原因的。

直到 2017 年初，我突然领悟，其实什么是品牌没有一个绝对的单一的答案，品牌可以是一个名字、一个承诺，也可以是一段历史，还可以是一个故事、一种匠心、一种记忆……

不论品牌是什么，最终消费者能记住的（认知的），其实就是符号，且可能是多种符号的组合。

比如说到“可口可乐”，我能想起的符号有红色、飘带、曲线瓶、圣诞老人；

说到“海尔”，我想起的符号有海尔兄弟、蓝色、粉色（早期用过）；

说到“真功夫”，我想起的符号有黄色、功夫“小龙”、蒸。

你看，一个品牌识别或者印象是可以有多个记忆点的。到这里可能有人会问了：“可口可乐的符号有圣诞老人，海尔有海尔兄弟，真功夫有‘小龙’，那是不是咱们企业或品牌也要设计一个卡通吉祥物什么呢？”

这个问题在我多年从业过程中被多次问到，直到 2017 年提出“有源符号”概念后，我终于有了肯定的回答，那就是：“不要强加上去，要看是否适合。”

举一个例子：

大家都记得电商领域近年出现的“动物园”现象：一开始是淘宝商城升级为“天猫”并启用了一个萌猫卡通识别符号，没多久京东也更新了品牌形象，启用了一个萌狗卡通识别符号，于是乎“猫狗大战”正式打响！过了没多久，苏宁坐不住了，宣传换标并启用了一个狮子的形象；之后，国美的新标老虎头像也出现了。

于是每天被相关的换标新闻洗脑后，众多中小企业的企业家也开始纳闷了，咱们是不是也搞一个动物、卡通形象什么的呢？

再说一说海尔，为什么我对其印象更深，因为小时候就看了不少“海尔兄弟”的动画片，还学到不少知识。所以海尔是一个有故事的品牌。

对于传统的中小企业来说，如果你希望企业形象符号中有一个卡通形象，有三个方向可以考虑：

第一，你的名字就具有画面感（比如天猫、驴妈妈、真功夫、大嘴猴、津津有味）。

第二，以创始人的形象为原型（肯德基、康师傅）。

第三，有预算投资创造一个自己的 IP 形象，比如也做一个动画片（当然这肯定需要不少钱）。

如果以上三条都不符合，那还是别纠结了吧，其实有源符号并不局限于 LOGO（卡通或者图形），名字、广告语、字体、色彩等都可以是有源符号。

比如为什么大家每年春节都要回家，因为“过年”“送礼”就是“有源符号”，所以为什么某品牌的广告语是“今年过年不收礼，收礼还收×××”，就是抓住了这些大家熟悉的印象，而当你想送礼又不知道送什么的时候，该品牌的字眼就会在你的脑海里跳出。因为人们通常会记得自己熟悉的符号。

再比如，我们国内的车牌都是以省的简称 + 字母开头，如广州（粤 A）、东莞（粤 S），我每次在外地看到粤 S 的车心里都感觉特别亲切，和看到老乡一样的感觉，其实这就是有源符号的力量。

前几天我在路上看见一个夜宵店，招牌非常大，上面打着大大的三个字“群主家”，是不是很熟悉的感觉呢？没错，如果这个名字能注册商标的话，就是一个非常好的商标名字，名字本身就可以是有源符号。

概括地说，有源符号是人们所熟知、一看就明白的符号，而且是有来源、有共鸣、有感觉的符号。

在品牌塑造过程中，有源符号具备超强实效的吸引力，是提升品牌价值的超级武器。它可以减少消费者顾虑、降低选择成本，也可以有效提升销售力，还可以让一个新品牌快速成为消费者的优先选择。

天猫“双 11”有源符号是如何产生的

天猫原名“淘宝商城”，也就是淘宝网的升级版，如果淘宝网是街铺的话，那么天猫的定位显然是更高端的品牌商场。

下面我们就从淘宝网开始来回顾一下。

天猫有源符号是如何产生的?

淘宝网的兴起，可以说为中国互联网的普及贡献不小，但随着人们对网购品质的追求不断提高，淘宝网投诉现象不断出现，加之其他品牌商城的出现，促使了“淘宝商城”的独立上线。

2012 年 1 月 11 日，淘宝商城在北京举行战略发布会，宣布更换中文品牌“淘宝商城”为“天猫”，淘宝商城总裁张勇在会上表示，取这个名字一方面是因为天猫跟 tmall 发音接近。

两个月后，天猫在 2012 年 3 月 29 日举行的年度盛典上公布了其全新品牌标志和形象。

“每个人心中都有一只天猫。”张勇表示，新的 LOGO 形象意味着天猫网购拥有了自己独立、完整的有源符号。

从总体效果来看，天猫从改名到启用猫标开始，很快就取得了不错的反响，当然这得益于天猫有着庞大的用户群，以及天猫有源符号猫头图形的应用，确实也是令人印象深刻的。

这也是为什么后来京东、苏宁、国美都相继启用了动物卡通形象，目的都是抢占消费者认知。

但是很遗憾，这四个 LOGO 中，只有天猫才是有源符号，也就是说只有天猫 LOGO 是和名字有联系的，京东、苏宁、国美的动物卡通形象设计虽然也会吸引不少的关注，但相对来说还是难以超越天猫头的影响力。

天猫除了优势的品牌 VI 设计的视觉塑造以外，还有一个更加厉害的有源符号“双 11 全球狂欢节”，这个符号又给天猫消费者打了一剂强心针。

2014 年，“双十一”“双 11 狂欢节”等关键词都已经被阿里巴巴注册为商标。

2015 年天猫“双 11”品牌符号设计再加码，同时将两个有源符号“猫头”与“11.11”相融合，这次完美的策略设计，再一次将天猫的品牌价值提升了数倍。

2016 年的天猫“双 11”品牌海报，是联合众品牌融合有源符号“猫头”进行场景化设计，可谓是良好的广告植入，消费者也愿意看，实现了三赢（当然，这设计肯定也是花费不少）。

往后每一年的“双 11”，天猫还是一如既往地重新升级了“双 11”品牌形象，虽然概念、字体都有所变化，但还是保持有源符号“猫头”与“11.11”的融合设计。可以说，猫头的有源符号已经成为天猫的核心品牌资产之一，以后不管怎么升级，这个猫头符号是一定都会保留的。

毫不夸张地说，每年的“双 11”，已经成了天猫的品牌设计炫技场。而对于这些平台上的品牌，能不能让消费者快速地点击，这要看你的品牌设计是否能第一时间引起关注，同时取决于人们对你的品牌的认知力。

在我看来，一切的动作，都是在塑造有源符号，提高竞争壁垒，以强化品牌认知力。

卡通形象 LOGO 设计，如何塑造有源符号

一提到卡通形象，可能你会想到吉祥物，我们今天要讲的主要是作为品牌LOGO使用的卡通形象。当然卡通形象LOGO，也是可以直接作为吉祥物使用的，比如最经典的就是腾讯QQ企鹅形象，它不仅是一个不错的LOGO，也是令人印象深刻的吉祥物之一。

在选择卡通形象作为企业或品牌 LOGO 识别时，如何塑造成有源符号呢？今天，我们就从下面这五种类型的卡通 LOGO，来进行一些交流吧。

创始人的形象演化；

超级明星形象演化；

民族人物形象演化；

自创独特个性卡通；

熟悉动物卡通演化。

一、创始人的形象演化

肯德基LOGO原型来自创始人哈兰·山德士，1930年他在家乡美国肯塔基州开了一家餐厅。山德士上校一身西装、满头白发及山羊胡子的形象，已成为肯德基国际品牌的最佳象征。

此类卡通形象 LOGO 设计，首先应避免与知名品牌标志的雷同感，正确的方向应该是：展现企业创始人自身独有的气质、表情、

发型、服饰、色彩以及专属字体搭配。

二、超级明星形象演化

不用解释大家都知道，真功夫的 LOGO 是采用了酷似“小龙”的形象识别载体，因为小龙已经是全世界知名的超级明星，当然据说官方并不承认是小龙，也就是说他们用了一个大家都会认为是小龙，而又不是小龙的卡通形象。

其实，真功夫最早的愿景，就是要打造中国人自己的“肯德基”，当然他的视觉表现是很有自己个性与特色的。

真功夫在 2016 年启动了更加中国风、更符合新一代年轻受众喜好的手绘卡通形象。

此类卡通形象 LOGO 设计，首先也必须避免山寨感，而且这种借用明星作为识别符号的方式必须慎重再慎重，不要为了模仿而模仿。

三、民族人物形象演化

民族人物形象演化的好处是能让人立刻形成一种原生态的画面感，也可以快速达成最佳的差异化识别。

此类卡通形象设计的要点：一是避免雷同；二是根据自身品牌定位与民族风格，塑造专属的印象识别；三是配合规范独特的专属字体设计。

四、自创独特个性卡通

“旺仔”的卡通形象可谓是经典中的经典了，它们家所有包装中最显眼的就是“旺仔”卡通形象了，“旺仔”形象可以说谈不上很美，也不能说很丑，更说不上可爱，但正是这样一个有独特个性的卡通形象，奠定了品牌价值的不断增值。

津津有味（一个江南风味辣椒酱新兴品牌）的品牌形象升级设计，是五源设计在快消品领域的第一个代表案例。

津津有味 LOGO 早期产品试推时所采用的形象，我们觉得也不能说丑，但黄豆的形象不够有专属性，总觉得缺少些什么。另外，还有个最大的问题，就是在包装延展上有很大的局限性，比如没办法像“旺仔”那样局部放大应用在包装上。

新的津津有味 LOGO 以品牌创始人为原型，并塑造出与名称、产品、品牌更匹配的“有味哥”的直观印象，同时在包装延展上效果更有味、更亲和且具有专属个性。

五、熟悉动物卡通演化

腾讯企鹅 LOGO 虽然已经成为经典，但也进行过几次细节优化与升级，近年又更新了，全新“小企鹅”形象变成彻底扁平化，给人更年轻的感觉。

除了腾讯企鹅的卡通形象 LOGO 之外，还有天猫、京东、苏宁、国美等推出的卡通 LOGO 形象，相信大家也是记忆犹新吧！

是的，它们所采用的动物载体，都是为了向大众传达一种认知，也就是打造自己的专属有源符号。

在我的印象中，有源符号传播较成功的要数天猫，在它每一个营销画面、屏幕、包装等，都带有那个熟悉的猫脸。可以说有源符号的识别力比一个 LOGO 来说，是可以增强 N 倍的。

以上是我总结的五种常见卡通设计类型，当然肯定还有其他更多设计与表现方法，不论如何，有以下几点可以遵循或参考：

1. 与众不同；
2. 简约直观；
3. 方便延展；
4. 符号定位；
5. 整体规范。

有源符号设计奥秘：不完美的完美

我们对于 LOGO 设计都想要完美，但往往很多时候越完美越无味，正如装修办公室，并不是材料用得越好效果就越好，有时就保留原始的混凝土材质，也是不完美的完美！

那么，说到“不完美”的 LOGO 设计，你第一时间会想到哪个品牌呢？

想必大家多会想到苹果吧？

很多人好奇苹果的 LOGO 设计，为什么要这样咬掉一口呢？道理其实很简单，如果是一个完整苹果图案的设计，看似很完美，实则太普通、太常见了！

而苹果的广告语是 Think Different（不同凡响），显然咬一口的苹果 LOGO 设计更符合品牌的定位，而且视觉上也更具冲突、更能引发好奇心！

苹果这个 LOGO 又让我想起了时尚酷炫的牛仔裤。

其实苹果 LOGO 的设计理念，和破口牛仔裤的理念初衷是一样的，都是为了制造共鸣以及增加关注度。

当然，这些不完美的设计并不是随意而为，衣服都是会破的，所以牛仔裤干脆做出破口，来凸显人们的独特个性；苹果本来都是咬着吃的，因此缺口设计也是基于这个源点，以找到品牌的专属有源符号（苹果 LOGO 很多见，但咬一口的苹果只有一个）。

类似的 LOGO 设计方法，五源设计也做过不少，印象最深的一个案例，设计思路和苹果的这个很近似，是一个做智能手机触摸屏的客户。起初的方案（下图）是团队设计师画的草稿：

他的思路是“聚焦、视野、箭头”，从图形视觉上看好像也挺好看的，而最大的问题是太常见了，可能还容易让人想到方正公司的 LOGO。

另外，这种表现设计图形太过生硬，显然和手机触摸屏的行业属性不太吻合。于是我提出重新深化设计，大家用智能手机多是一个手指左右滑动进行操作，感觉这就是一个很好的有源符号。

接着，小伙伴重新深化调整了设计方案，整体印象稍微好了些，起码不生硬了，但总感觉还差点什么。到这个阶段其实就像前面的苹果 LOGO 设计一样，最大的问题就是太过完美了，总感觉缺少一些亮点和冲突，那怎么解决呢？

我们接着往下深化设计。

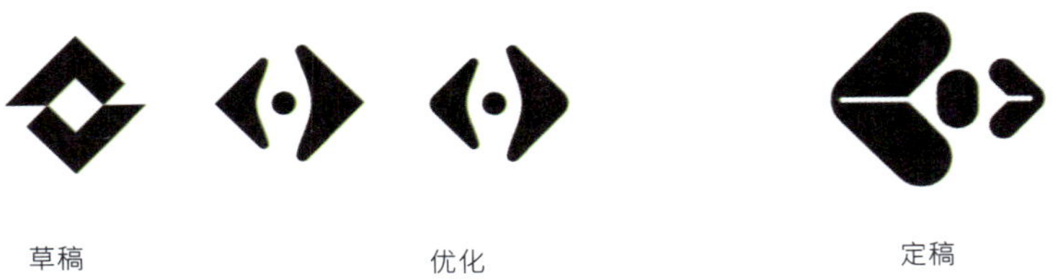

草稿　　优化　　定稿

想要做好设计，首先要学会不断地发现问题（问题即是答案）。优化方案中看得出直接的箭头，但还缺少灵动感，中间的圆点也很奇怪，很难让人联想到这里有手指滑头的感觉。

于是，我们想办法解决了上述问题，即得到了全新的 LOGO 设计方案。此方案除了箭头和手指的重新统一视觉设计，最大的亮相（冲突）就是中间切开的负线设计，从而达到了既简约又灵动的品牌视觉印象（箭头 LOGO 可能很多，但以负线设计的这是唯一一个）。

图形设计好后，色彩的使用也很关键，手机触摸屏作为一个新兴的科技行业，我们希望在色彩上也赋予一些符号识别性，以蓝、绿、洋红色直观地提升了该科技企业的特性。

有源符号 LOGO 设计奥秘：

不完美的完美，就是需要先找到人们所熟知的有源符号，再加以专属化设计，而不至于随处可见，这样才能形成企业或品牌超强的识别力，才能通过不断曝光积累提升品牌价值。

USENTS 友晟光电

USENTS 友晟光电

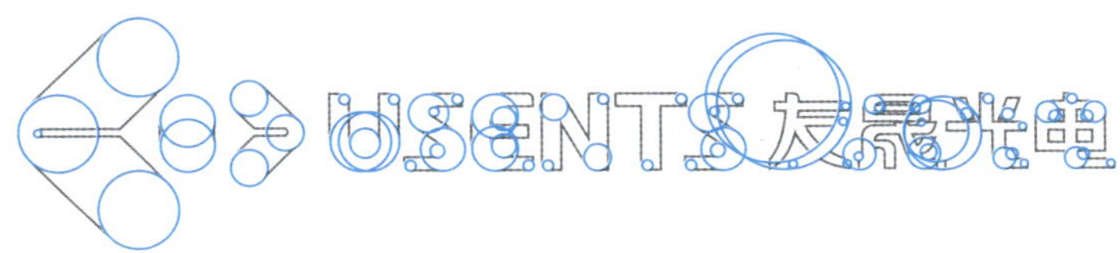
USENTS 友晟光电

C40 M100 Y0 K0
PANTONE 10177 C
R167 G33 B163
C0 M20 Y100 K0
PANTONE 116 C
R253 G209 B0
C40 M0 Y100 K0
PANTONE 382 C
R172 G206 B34

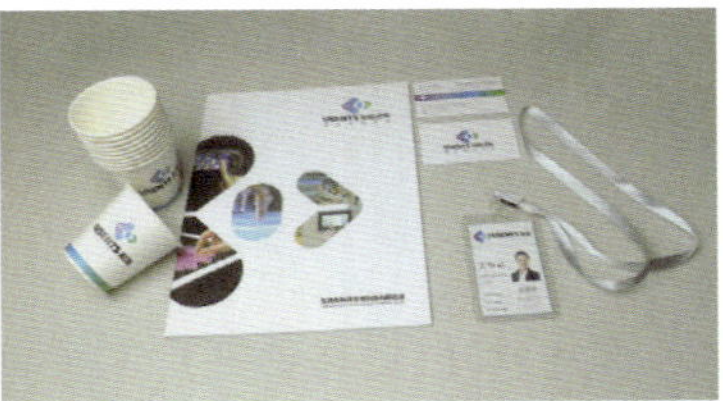

符合这个设计理念的五源设计品牌 LOGO 设计案例还有：

一根线连成一个
不一般的五角星

像花，又不仅仅是花

像厨师，又像辣椒

做品牌 LOGO 设计，不是想怎么设计就能怎么设计，首先得深刻理解客户的行业属性以及品牌源点，找到最适合企业的有源符号，才能做出真正具有实效的品牌形象设计方案。

类似这样“既不完美又非常完美”的 LOGO 设计，是非常难得的，也是可遇不可求的，如果遇到了，希望好好珍惜！

品牌形象设计就是营销策划

最近我在公司见了两家餐饮客户，在他们的需求描述中，发现有个相同点，都问到我们是否可以提供营销策划服务，或者说有没有认识做营销策划的朋友。

但了解项目背景后我得知，其实他们当前最先要解决的，还是品牌形象基础升级的设计。

为什么总是更在意营销策划?

我想主要是三方面原因:

1. 想要快速提升门店业绩（实现快速盈利）;

2. 团队缺乏营销推广管理专员;

3. 不了解品牌形象建立的好处与重要性。

想要快速提升门店业绩（实现快速盈利）的心情完全理解，可如果基础不扎实，定位不清晰，形象不规范，团队不给力……这样我们的营销方案策划得再好，也可能只是短暂的销售而已，和做品牌没有多少关系。我们经常见到一些餐饮店，一开业就非常注重营销，开业庆典火热、折扣多多，甚至为了增加人气，请上亲朋好友前来捧场。前期几周、个把月生意还可以，但三个月、半年后业绩就开始逐步下滑，直到天天亏损至停业还没搞清楚原因出在哪里。

对于传统的起步型门店来说，基本都是缺乏营销管理专员的，平常的活动方案多由老板自己决定，或者是参考周边同行做一些促销而已。久而久之，总想着：是不是找个营销策划的来做更有效呢。

很多创业者对于品牌形象设计的理解，好像是可有可无的感觉，认为不能够直接地促进业绩提升，主要还是不了解品牌形象建立的好处与重要性。

为什么说品牌形象设计就是营销策划？

首先，品牌形象设计（VI 设计）换句话说，就是视觉营销或体验式营销，所有的 VI 项目设计都不是单纯为了好看而设计，而是基于消费者体验以及行业差异化角度而进行的策划与设计。

比如我们去很多地产售楼处就能明显地感受到这一点，首先整体售楼处从内到外每一处形象都是在营销，从楼体外观、招牌标志、水杯、名片等所有接触到的物料都设计得非常精致，目的就是让你感觉这家楼盘有实力、有品牌，值得信赖！同样的感受我们在汽车 4S 店、酒店、会所等地方都能感受到。

当然，对于初步想要做连锁、创品牌的创业者来说，我们不可能都像那些地产、汽车、酒店一样有实力不差钱。

做实体店的总体投入成本、风险都是挺大的，好一点的位置租金、转让费都要占去不少，所以想着先把营销思路做好，把业绩提高也是可以理解的。

接触过这两家餐饮客户之后，我发现他们多少都有一些迷茫，甚至走入了不少误区，就是总想着能找一家策划公司帮着把品牌策划、设计、后端营销都做了，可问到预算，都只能是先做个基础的策略型 VI 升级设计。

综合众多实体餐企的实际情况来看，我个人觉得一切的营销，都必须先打好基础，创好团队，做好产品与服务。反过来说，当你打好了这些基础之后，再结合全新有源的品牌形象设计导入，本身极可能具备直观的品牌营销力。

塑造有源符号，就是强化品牌营销！

五源设计所提出的“有源符号”方法，并非要紧盯着竞争对手，其实就是帮助成长型企业梳理自身优势，发掘已有文化，更真实、更亲切地展现更好的自己，做最好的自己。当你从内到外都能直观地让消费者感受到与众不同的魅力，只要品牌认知逐步建立，口碑陆续形成，那么业绩提升、持续盈利将会是自然而然的事情！

LOGO 设计塑造有源符号的三个要点

每个企业或品牌都有自己的文化理念和经营特色。如何通过一个独特的 LOGO 设计，来展现这些理念和特色？怎样的 LOGO 设计才算是合适的 LOGO 呢？

五源设计认为首先就需要把企业的特性融合提炼，塑造一个简洁专属的有源符号，从而传递企业的特征、行业和价值理念等信息。

那么，LOGO 设计如何塑造有源符号呢？

我分享三点：

一是名字最好能直接体现行业属性；

二是图形可以完美诠释品牌；

三是色彩印象符合行业与企业定位。

一、名字最好能直接体现行业属性

创建 LOGO 的第一步是要有一个好的名字，顺口、好记、体现行业属性是好的名字的共同特点。好的名字是 LOGO 设计塑造有源符号的关键点，也是 LOGO 设计的核心源点，还可以为企业省下不少的传播费用。

今天我们要分享的案例，客户的品牌名是慈航壹美，“慈航”有观音之意（也凸显企业经营理念），“壹美”取自医学美容（A 级美容），所以整体还是比较直观、辨识度相对较高的名字。

慈航壹美

二、图形可以完美诠释品牌

LOGO 的设计目的不是非要有一个图形，如果图形不能完美诠释品牌名，那也是增加传播成本的设计，图形设计在传达行业气质的同时，最终还是要引导消费者加深印象，以实现快速记忆品牌名的目标。

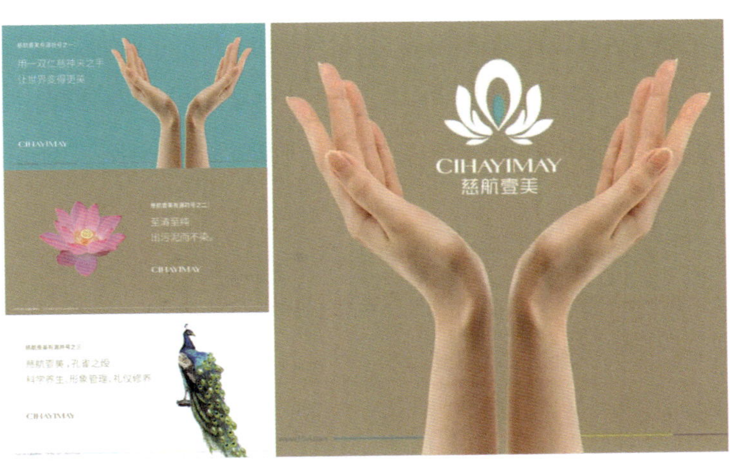

慈航壹美品牌创立初衷是用一双仁慈“神来之手”，让世界变得更美。设计的核心就是从企业的定位与愿景出发，所以第一识别点我们就选择了“双手”。再从美容行业属性联想到“莲花”的概念，以及高贵的“孔雀”三个有源符号作为切入点，设计了能体现行业特性、价值观，又能诠释品牌的LOGO图形。

另外，从标志识别差异性与商标注册成功率的角度来看，如果能完美融入2～3个有源符号概念，会优于传统单一符号设计，比如单以莲花为源点的LOGO设计，在市面上（网络上）已经随处可见了，相信很难再差异化设计，对于商标注册也基本难以通过。

三、色彩印象符合行业与企业定位

品牌色彩是可以让顾客联想品牌背后的寓意，比如慈航壹美选择的金色代表着企业定位的高端奢华，蓝绿色代表的则是健康和美好。色彩的选择同样也是有针对性的，LOGO设计的直观印象，也会受颜色的影响，让顾客易于辨认和记忆。

同时，在实际的环境中，并不是所有的地方都适合按标准色进行使用，不同的场景与环境色彩，都需要搭配合适的材质与色彩进行执行。

LOGO设计作为品牌形象的核心基础，以上的三个要点也仅仅是说明了一部分项目设计因素，在我们接触的各类企业或品牌形象项目中，还有多种多样的解决方案可以去尝试。总之，没有困难的设计，只有缺乏洞见的盲目！设计是有目的的创作行为，靠的不是所谓灵感，而是设计师经验和实操的积累。

CIHAYIMAY
慈航壹美

慈航壹美
国际美颜会所
CIHAYIMAY
babyFACE
慈航壹美
CIHAYIMAY

五源设计品牌标志符号设计成果展

向后看，也是为了更稳地向前行！

在此将五源设计多年来的品牌设计代表作品重新回顾、整理，当然单看 LOGO 不能说哪一年或哪一个作品最好，对于五源设计来说，一个标志就是一个故事，每一个都如自己的孩子。

另外，我们在看一个 LOGO 方案时，多数是以个人主观印象去评判的，因此有人喜欢这个，有人喜欢那个，实属正常。

我们一直是比较反对企业主在决定一个方案时，采取多人投票，或者发朋友圈投票评论等，毕竟LOGO不可能让人人都喜欢，且小部分人的评论或意见，也不可能代表所有人。

我认为对企业或品牌目前或未来规划是适合的，就是最好的。对于我来说，每一个作品都是我们团队设计师用心设计且全方面考虑的，都是为企业量身定制设计的。

在品牌符号设计中，LOGO 可以说是最难设计的项目之一，经过多年的学习、实战、研究，五源设计也从早期的单一设计，发展到了如今可以为广大企业提供品牌策划设计、战略 VI 设计与品牌营销设计。

下面是 2008—2020 年部分代表作品：

2020 年五源设计代表作品

TOWNKANA
唐家那

现在流行净味精装
澄艺空间™ 竹木墙板

2019 年五源设计代表作品

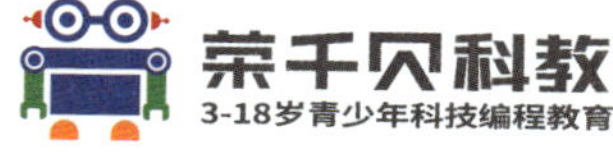

2018 年五源设计代表作品

邻里小蜜蜂

宜可涂
艺术漆

顺龙装饰
SHUNLONG

睿伴成長
阅 相 伴　睿 成 长

TIGHTEN

ronGreat
融贯科技

TONSAM
东翔物流

筑橙
筑 就 城 市 之 美

Adamauto
亚当科技

米阳

日月谷

2017 年五源设计代表作品

沉 香 精 油 手 工 皂

君之尊洋服

你，可以定制更好的自己！

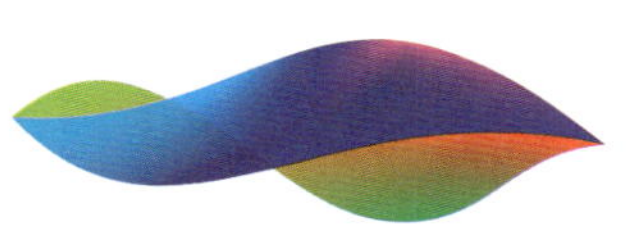

盛典传媒 SHENGDIAN MEDIA

2016 年五源设计代表作品

2015 年五源设计代表作品

2014 年五源设计代表作品

2013 年五源设计代表作品

2012 年五源设计代表作品

2008—2011 年五源设计代表作品

企业品牌 LOGO 设计六个要点

LOGO 设计，经常被误以为“很简单”、随便勾几下就可以整一个方案出来。

但是有一句话说得好：“台上一分钟，台下十年功。”

下面这六个要点，是我在 2009 年总结的，今天看来依旧没有过时，所以重新整理了一下分享出来。

要点一：企业或品牌命名

可以说一个企业或品牌是否做得很成功，取一个好的名字显得至关重要，它可以是个性的、有寓意的、古典的、易记易读的、国际化的等，但最重要的一点是一定要适合该企业或产品，而且是消费者能接受的。品牌示例：王老吉、蒙牛、伊利、阿里巴巴、网易、百度等，这些品牌的品牌名称也一定是较关键的开始。

要点二：标志的识别点

标志设计的识别点要从多方面来分析：首先要了解企业或品牌的根基及行业现状，了解企业品牌竞争对手的优势所在。其次要了解企业品牌面对的消费群体，是世界范围、全国范围还是区域范围，标志是以文字来创意、突出图形来创意还是图文结合来创意更好。最后要考虑的是行业特征和企业理念的传达。

要点三：标志的色彩

色彩在企业形象识别应用上也是不可忽视的一点，每个行业有它公认的色彩表现，比如蓝色代表工业、科技；绿色代表环保、健康……色彩还分冷色、暖色、中性色。企业或品牌标志色彩的应用还要对比同行业品牌的标志进行参考，以确定更能突出该企业或品牌标志的色彩搭配，提高消费群体对标志的记忆点。有一点还要注意，一个标志的颜色最好不要超过三种，色彩太多了一方面显得太花哨，另一方面可能会增加应用难度。

要点四：标准字体设计

经过精心设计的标准字体与普通印刷字体的差异性在于，除了外观造型不同外，更重要的是它是根据企业或品牌的个性而设计的，对策划的形态、粗细、字间的连接与配置、统一的造型等，都做了细致严谨的规划，与普通字体相比更美观、更具特色。在实施企业形象战略中，许多企业和品牌名称趋于统一性，企业名称和标志统一的字体标志设计，已形成新的趋势。企业名称和标志统一，虽然只有一个设计要素，却具备了两种功能，达到视觉和听觉同步传达信息的效果。

要点五：标志的品质感

品牌标志有没有创意，其实在商业战场中并不是首要的，更重要的是一定要有品质感，因为标志是企业或品牌的外表形象，有品质感的标志会给消费者一种信任感，认可并消费后更会让消费者感觉有成就感，而且有品质感的标志更易于推广及识别。

要点六：标志的应用

标志在设计时还要考虑到后期的应用是否合适，印刷、雕刻、玻璃工艺、吸塑、金属等是否能做到视觉形象的统一性。所以在设计的过程中要注意少用渐变色彩、线条不易过细、标志尽量简洁等，还要考虑到标志放大与缩小后的视觉是否一致。

总之，一个合适的企业或品牌标志设计需要经过多方面的考虑、构思和完善，当然在此过程中设计师也需要与企业决策人多沟通与交流。

如何确定一个 LOGO 设计方案

LOGO 就如企业的脸面，我们都希望收获到更理想的 LOGO 设计方案，当然怎样才是理想的方案，其实也没有标准答案，这和企业创始人的重视程度、认知程度以及对设计公司的信任程度都有很大的关系。

以下六种是五源设计在合作中遇到较多的决定方式及之前在公众号的投票数据：

你会如何确定一个 LOGO 设计方案？（单选）

选项	票数	比例
我是决策人，我说了算！（已选）	5 票	6%
相信专业，听从设计公司推荐！	14 票	18%
与管理层商议后，我再做决定！	11 票	14%
与设计师沟通深化后，再做决定！	37 票	50%
咨询客户、亲朋好友的看法再决定！	1 票	1%
让公司员工（朋友圈）一起投票决定！	6 票	8%

相对来说，选择前面四种的决策者，他们更理性、更具主观意识，对于企业品牌的经营方向也更加明确，也是我比较支持的几种方式。选择相信设计公司，愿意与设计师坦诚沟通及深化的决策者，通常是非常重视与了解品牌视觉营销的重要性，或者更认同设计公司的案例和方法体系的，在形象落地的执行力方面也是最强

的，能做到这一点的，一般企业效益也都不会差。如果是选择了最后两种，这类决策人一般缺少一些主观意识，处事比较犹豫、拿不定主意，或者说对设计公司不是非常了解与信任，总缺少一些安全感，因此才希望通过身边熟悉的人寻找一些“安全感”。

我认为，恰恰这样也是最不安全的，就如我们想要去做一件事情，如果人人都觉得好的时候，很可能这件事情是不值得去做的。

总之，站在品牌设计专业的角度，我是非常不支持最后两种的，既然选择专业，还是要相信专业啊！

苹果公司的创始人乔布斯也曾说过：“别问消费者想要什么（他们通常也说不清楚想要什么），企业的目标，是去创造那些消费者需要但表达不出来的需求。”

再说，品牌形象也不是依赖一个 LOGO 就可以的，明智的现代企业，对于企业 VI 设计、环境空间设计、广告推广物料等品牌整体形象的管理和重要性已经非常明晰，就像我们一日三餐，单吃早餐显然不足以支撑一整天所需能量的。

第三章

口号话语（说出卖点）

你的企业、品牌需要一句有源口号话语

虽然五源设计的核心优势是企业、品牌形象策划设计（企业VI设计），但我们在进行品牌LOGO设计及VI设计之前，都会先对客户企业情况进行深入的了解，以及对企业的定位、理念、优势等做一个基本梳理，也可以说五源设计一开始就是一家具有全局策略思维的品牌设计公司。

五源设计服务的客户多为中小及成长型企业，在梳理过程中发现不少问题，比如多数的传统型企业，对于企业品牌定位都不是非常清晰，也没有什么特别的理念思维，见到最多的一句话，也是很多企业在使用的“广告语”：以质量求生存，以信誉求发展！

虽然用这句话也没有错，但从品牌的角度来说，显然是无力的，根本没有展现企业差异化特点，对于企业的受众客群也是不痛不痒的，显然没有品牌意识。

基于这些观察与思考，五源设计在为企业进行VI设计之前，会为客户先进行价值提炼梳理，以及为企业、品牌提出一个全新的有源口号话语。

下面介绍一些代表性案例。

万级：真芯真标真实在，万级线缆网速快

绿鲸：节能建材，绿鲸已来

俊辅：金属加工用好油，就选俊辅润滑油

宜可涂艺术漆：宜可涂，更艺术

星河：星河精铸，百分专注

小钵演义：吃小钵，演义湘

肠粉叔叔：不止有肠粉，营业至凌晨

湘掌门：吃湘菜，找掌门！

广东气派科技：集成大气，派势领航

常红线盘：线盘怕松，认准常红

快开声波门锁：开门用快开，安全便捷的手机声波门锁

广州盛乐集团：共创盛举，乐享繁荣

北京海吉亚环保：空气净化，就找海吉亚！

东莞友晟光电：携友触控未来

深圳东翔物流：东翔，助你腾飞的翅膀！

富兴达文具：办公收纳，选富兴达

东莞聚友高尔夫：聚高处，有四方！

安言女人缘内衣：安言女人缘，自信做女人！

浙江多加连锁便利店：多加便利，多加满意！

全聚仁果木烤鸭：只做回头客的正宗果木烤鸭

有源口号话语的策划设计，首先要从企业的源点与根基出发，不是自说自话，也不能自卖自夸，而是找到符合企业发展与聚集产品优势的差异化语言，和企业的名称或理念有关联的一句话，消费者看到有共鸣、容易记忆与传播的一句话！优秀的有源口号话语，不用任何解释，就是一看就懂、一看就能记住的话。

你的企业、品牌是否还差一句有源口号话语呢？

如今市场竞争强度那么大，消费者每天面对的选择那么多，如何用一句话打动消费者，马上记住你、选择你，就显得非常关键。要问有源口号话语的价值何在，据说很多营销策划大师收几百万、上千万元的咨询费，最后可能最有价值的就是那么一句话，接着所有的动作都是围绕这句话展开，你说这有多重要！

最后举五个熟悉的例子：

脑白金：今年过节不收礼，收礼还收脑白金

真功夫：营养还是蒸的好

汉庭酒店：爱干净，住汉庭

格力：让世界爱上中国造

五源：创品牌，有五源

融合战略定位的品牌 VI 设计，有什么不一样

VI 设计已经是现代企业最基础的品牌形象建设，市场上的 VI 设计公司也非常多，当然专业能力也是参差不齐，导致很多企业主也分不太清楚其中的差别在哪里。

这也是需要企业主不断去了解与学习的过程，比如你看到此文，就可以了解到一些基本常识。

五源设计，多年来一直专注于创新型 VI 设计，自创立之初就坚决不做模板式 VI 设计。什么是模板式 VI 设计？最常见的就是参照网上一些知名企业的 VI 系统，然后应用部分以 LOGO 粘贴式换个标志完事，形式千篇一律，根本达不到专业规范的品牌形象体验效果。

五源设计在品牌 VI 设计方面做了哪些创新？

一、不套模板

VI 项目按实际出发，站在企业的角度量身定制设计。

二、有源符号

塑造企业品牌专属的有源符号，提升品牌竞争力。

三、实用有效

每个出品保障实用有效能落地，且 10 年不过时。

另外，我们在为企业进行品牌 VI 设计建立或升级前，都了解

了企业的经营现状与发展愿景，从而在品牌定位与口号话语体系提出更为有益的策略方案。

今天要给大家分享的，是五源设计 2019 年完成的一个代表性案例，这是一个深度融合了战略定位升级的品牌 VI 设计，也是五源首个从品牌营销策划角度，为客户提出的全案策划设计战略性解决方案，让我们一起来看看有什么不一样。

品牌简介：

品牌名称：万级 WANJEED

品类：网线光纤

产品系列：铜缆、光纤通信产品（综合网络布线），数码周边连接线缆及配件

产品定位：高标准的高端商品缔造者

品牌主张：塑造万级品质强化客户体验

企业愿景：让每一个带有万级标记的商品，成为优质的代名词

目前行业存在的社会现象：

1. 常见很多产品以次充好、欺瞒顾客的行业现象。

2. 行业标准混乱，很多都是非标产品，根本不符合行业标准。

3. 购买者大部分不懂产品，行业认知很浅，所以有的时候只看价格，不看质量，因为不懂产品质量。

4. 有回收的二手旧货冲击市场，造成市场混乱，恶性价格战很严重。

万级原有广告语：

品质生活万级缔造

万级，用品质改变生活

万级品质，为高端连接而生

五源为万级品牌提出了全新战略性口号话语（基于行业乱象和万级品牌创始人愿景所提出的战略性口号话语体系）：

主口号：

真芯真标真实在　万级线缆网速快

副口号： 网速要升级　线缆用万级

提网速用万级　万级万级万万级

万级网线光纤　网速快如闪电

旧形象LOGO

新升级LOGO

WANJEED 万级
真芯真标真实在
万级线缆网速快
WANJEED 万级
网速要升级 线缆用万级
真芯
真标
真实在
WANJEED 万级
网速要升级 线缆用万级
WANJEED
万级®网线光纤
购买理由(信任状)提炼与图标化设计
真芯
真标
真实在
万级
三大技术
八项质控
真芯真标真实在
万级线缆网速快

WANJEED 万级
三大技术
八项质控
真芯真标真实在
万级线缆网速快
T恤设计
服装设计
WANJEED 万级 网线光纤
广告设计
提网速用万级
万级万级万万级
万级网线光纤

导入 VI 设计，是企业基础的“信任状”

很多企业在考虑品牌推广的时候，为了更快地取得客户的信任，有的企业会直接进行画册设计、网站设计、宣传片拍摄或者请明星代言等，经常忽视最基础的品牌形象 VI 设计环节。

对于企业形象来说，如果没有导入专业的 VI 设计，就像是盖房子没有打地基，就直接往上盖楼了，这样的房子盖得越高风险越大，说不定哪一天还得拆掉重新再来。出现以上问题的根本原因在于，国内的众多企业对于品牌的认知还是非常有限，也不太了解为什么要做 VI 设计，甚至还分不清楚 VI 设计公司和广告公司有什么区别。

那么，为什么说导入 VI 设计，是企业基础的“信任状”？

在解答之前，我先普及一下 VI 设计知识。从专业术语来说，我们经常提到的“企业形象”包含三大部分：

1.MI（企业理念，包括企业文化、经营理念、品牌定位等）；

2.BI（行为规范，也就是规章制度、管理手册等）；

3.VI（视觉识别、形象系统，就是我们眼睛能看到的印象）。

通常大企业、知名品牌对于以上三大部分，都会委托专业的咨询与策划设计公司进行整体定制，而对于中小型成长企业来说，MI（企业理念）与 BI（行为规范）更多是企业决策人或管理层自行拟定，但唯独 VI 设计这块，企业方自己基本上是做不好的，即使有的企业有平面设计人员，也很难塑造出具有品牌感的 VI 设计品质。

再说一下 VI 设计公司和广告公司的区别，VI 设计公司和广告公司有一定的行业关联性，或者说算是同行，因为都属于平面设计范围，也用相同的设计软件；但又不算是同行，因为 VI 设计公司的核心业务，就是专注于企业的品牌形象塑造和体验设计研究，而广告公司的业务重点，是 VI 设计之后的落地执行，或者广告物料的完善和跟进，还有的广告公司专注画册设计或是某个行业的画册设计印刷。

广告公司可能设计费偏低（排版、印刷打包价），设计公司一般很少单做画册设计（设计费偏高），通常都是先从 LOGO+VI 设计开始，再进行画册、网站、包装设计等，或者整体全案一体定制设计。

之前很多企业主找来咨询一上来就问："设计个 LOGO 怎么收费？或者画册设计多少钱？包装设计什么价格……"每当这个时候，我们都需要对企业主引导解释一番："不建议单设计 LOGO，是否考虑做整体 VI 设计规范？画册设计之前最好先做 VI 设计！"

VI 设计真不是什么大企业的专利，每一个中小企业一样有必要塑造规范的形象，从企业创立第一天就具备品牌力，才能在市场竞争中立于优先之势。

做好 VI 设计，给客户一个见面礼

提到 VI 设计，可能不少朋友一头雾水，还是不清楚我们设计公司到底是做什么的。或者总觉得大公司才需要，小公司好像无所谓的感觉。还有的说都是靠客户口碑介绍，有业务做有钱赚就行……

当然，我能理解企业有各自的看法，但我还是希望通过本文，来阐述一下 VI 设计的一些专业看法。

不论企业大小，相信大家都希望能给客户一个更好的第一印象。我认为，做好 VI 设计，最实效的成果就像给客户一个见面礼！

很多企业办公环境不错，装修也没少花钱，但就因为 LOGO 设计不规范，又没有做 VI 设计，所以前台标志让广告公司直接做的话，效果都猜得到，多数就是上面放个大大的公司全称，或者随便设计个图形组合。

这样的话，可以说是没有任何形象可言的，加上很多公司前台样式不佳（色彩不搭配）、办公环境杂乱等，怎么可能给客户好的第一印象呢？

如果找五源设计进行 VI 设计规范，会有什么区别？

我们会先根据企业实际情况出具定制方案，比如办公环境能整理的先进行整理，能改进的先建议改进；之后经过沟通、调研，再进行企业、品牌 LOGO 设计与 VI 设计应用初稿演示，也就是根据企业实地的环境，预先创作出实效可视化的 VI 设计方案，让客户在一开始就能看到升级前后的效果对比稿。

五源设计提供的VI设计方案，一定不是传统LOGO粘贴式的模板化设计，我们必须站在客户体验的角度进行策略设计，以真正让客户第一次来到企业，就能感受到企业的这份“见面礼”为核心。这才是为什么要导入专业VI设计的核心要点，也是企业打造自主品牌的开始环节。

总之，人靠衣装，脸要化妆，企业、品牌形象更需要包装。如果你还是没理解VI设计的好处，或者仍旧原地踏步的话，长此以往企业经营可能越来越难，会流失更多的潜在客户。

千万别以为这是能省则省的事情，可以说，VI设计是提升企业议价权、展现品牌筹码的基础投资，对于每一个行业来说，谁家先塑造出领先的形象，就意味着掌握了消费者优先选择的机会。

企业环境那么美，VI 设计别拖后腿

为了更好地展现企业实力，提升客户的信任感，很多企业发展到一定阶段后，会选择重新装修办公室，或搬迁到环境更好的厂区、高端写字楼，然而其中不少企业都忽略了VI设计的规范导入，或者说不了解VI设计的重要性。对于企业形象来说，企业环境更多是同质化的常规实力展现，这只是短期的价值体现，而VI设计是打造差异化企业形象的核心基础，也是自主品牌价值的累积源点。

有的企业主说：我办公室装修要花几十万元，VI设计这块预算就不多了。我的观点是：宁可在装修上节省一些，企业VI设计也不能省，建议拿出装修费的10% ~ 20%，作为品牌形象VI设计的投资预算是很有必要的。企业环境装修一次（几十万元）可能没几年就过时了，而专业规范的企业VI设计一次做好完全是可长远使用的，即使开分公司、分店或者搬到新的环境，也可以继续延展使用。

企业本身就是一个品牌，先把基础打好，品牌形象越早升级规范，价值累积越大，也越节省成本。

搬入新环境或者重新装修也是一次规范升级的好时机，一次做好，少走弯路，就是价值累积过程。VI设计也是给企业环境印象加分的重要设计环节，企业环境那么美，VI设计千万别拖后腿！

一个行业做一个 VI 设计代表案例

还经常有新咨询客户问：“五源有没有做过 ×× 行业？”

每次我都说会：“你是第一家，可以做成代表作品啊，五源可以说大部分合作项目多是第一次接触的！”

因为行业那么多，一时间也做不全，而且五源设计的定位就是喜欢挑战更多没做过的行业。虽然很多行业没做过，但品牌设计都是相通的，我们一方面也有自己的方法体系来把控出品，另一方面我们在日常工作中，都在时刻关注国内国外各行各业、各大品牌的品牌形象升级动态，包括我们通过公众号经常会分享的一些行业品牌升级案例，都是很好的经验累积。

再者，虽然是新接触的行业，我们团队也不会去盲目设计，同样需要通过实地体验或者通过网络调研等，先了解行业以及竞争业态，再结合企业自身现状提出实效的品牌形象设计解决方案。

传统 VI 设计无力，实效 VI 设计有源

2018 年 8 月初的一天，我们接到了东莞长安本土一家制造企业的 VI 设计咨询，通过微信初步沟通，得知该企业已找过某设计公司进行 VI 设计，但拖了两个月还没有看到可行方案。该公司正急于筹备 20 周年庆典，也想借此机会升级企业形象 VI 设计。于是找到五源设计咨询 VI 设计升级事宜，并约好周六下午与公司董事长当面沟通交流。通常这种具有诚意的面谈咨询，我是不会拒绝的。

这家企业就是东莞星河精密技术股份有限公司，那天下午与星河董事长唐总的交流持续了两个多小时，我完整地了解了该公司的发展历程、经营理念以及客户服务宗旨等，这种交流对于我来说，也是一种很好的学习。

印象最深的是唐总分享的星河“三精100”理念：精密模具、精密压铸、精益生产，尺寸100%合格、外观100%合格、测试100%合格！星河的核心口号是：铸造世界精品，连接智能科技！正是基于这样的高尖产品理念支撑，星河的客户群体多为上市企业、股份公司。

另外，早在星河公司发展初期，唐总就有了较强的品牌意识，在2005年就注册了商标，做了VI设计，虽然今天看来感觉已过时了，一看就是传统设计方式，但在十多年前那个年代，对

星河原有LOGO形象

于制造企业能去做设计以及先行商标注册，整体优势VI上已经是超越了90%的同行企业。

当然，随着市场竞争环境的变化，星河原有的VI形象也是有必要根据企业当前的战略方向，进行适度的优化与升级，从而给到企业团队更强的凝聚力，以及给客户伙伴更大的信心和期待，五源设计的核心目标就是以战略设计帮助企业提升品牌竞争力。

经过与星河董事长唐总的深入沟通，基于相互的诚意，我在周六面谈现场即给出实效VI设计解决方案，也得到了唐总的高度认同，并在两天后的周一上午星河就与五源设计正式签约启动合作。

也是基于前期的坦诚沟通及配合，五源设计在10个工作日后，所提报的实效VI设计初稿落地方案，同样也得到了唐总以及公司管理层的一致认可，并一次定稿，且在20个工作日内就定了整体实效的VI设计系统规范，也创造了五源设计在VI设计项目合作中最快定稿与最快收全款的品牌设计合作纪录。

在此，我要特别感谢这么多年以来，有那么多信任与支持五源设计成长的优秀合作伙伴。在五源设计，一定不存在“定稿了、收完款就不积极了”，首先我相信对于客户来说是极有利的，对于团队来说也会更积极，甚至还会给企业更多意料之外的收获，客户的事就是自己的事！

下面就展示一下五源设计为星河精铸企业重新升级塑造的企业VI设计案例作品：

升级前

升级后

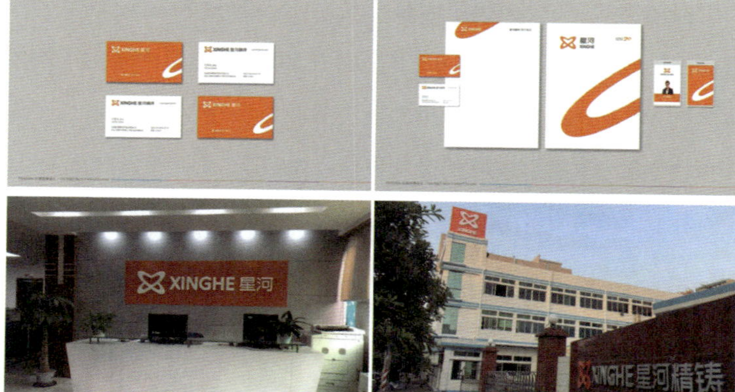

星河精铸 百行专注

XINGHE 星河
压铸车间

星河精铸 20th 周年盛典

星河
XINGHE

梦想星河
共铸未来

20th

签到板
梦想星河
共铸未来

星河精铸 20th 周年盛典

企业文案策划谁来做更合适

常有客户问我：有没有合适的文案策划人员介绍？我说：哪有那么好找呢。有能力的吧，要么不愿意来，要么来了也干不久；没能力的，即使招进来也没意义。

其实，还不如在团队中间安排一个人来专门做这一块事情。只要他不是一个沉闷的人，有上进心，愿意学习，会上网，喜欢跟人交流，如果有写日记的习惯，或者爱看书的话，那就更好了。我这里要说的“文案”，并非像某些品牌那样，非要弄得附庸风雅、似懂非懂的文案。而是针对中小型企业日常网络宣传与推广的文案，比如微信公众号的内容编写、产品描述、活动内容策划等。

而这些文案工作，我认为最适合的人选有：创始人；销售人员；前台及行政人员。

一、我们先讲讲创始人为什么是最适合的

我记得有一句话是这样说的：只有创始人自己，最了解、最相信企业产品与服务的价值。比如“品牌有源”公众号，陆续发布了1000多篇文章，都是我亲自整理与编写，虽然很多文章也是转载，但经常也需要编辑过再发布才更有效果。当然，我也写过200多篇原创文章，如果你看过我之前写的文章，也能了解到。其实我也不算是文采很好的那种，很多文章内容也就是跟自己对话，由心而发，把自己的经历、感想真实地表达出来，我觉得这就是写好文案的开始。

种瓜得瓜，种豆得豆！要相信，时间花在哪儿，收获就会在哪儿。通过做公众号，写原创文案所带来的直接好处是，2014 年开始公司 80% 的业务来自公众号与微信朋友圈，很多客户通过关注公众号几个月后，直接信任感倍增，合作就是自然而然的事情。因为我是五源设计创始人，我就是最好的代言人。

二、销售人员更了解客户需求

我发现有很多企业，在找我们进行品牌形象设计时，多是销售人员来直接与我们沟通，因为他们了解公司的产品，以及客户的需求在哪里。那么销售人员来写文案的话，只要将他们平常跟客户介绍的内容，加以修饰与完善，也是写好文案的基础。

三、前台及行政人员有必要提升自己

据我所知，很多前台及行政人员每天干的事情，多是比较单一重复的，通常干上半年之后就会觉得没什么意思，无聊！那么，如果公司能将推广文案这方面的工作交给他们来做的话，既可以提升自己的能力（说不定还可加薪），公司的效益也将提高。

总之，文案策划并非只是设计师才要学，也不是其他专业人士的专利。只要你感兴趣，掌握一些好的方法，用心去学习、去实践，每个人都可以，没有什么不可能！

第四章

形象包装（视觉营销）

揭秘设计背后的故事：拟上市企业 VI 升级设计

“我们公司的这个 LOGO 已经注册了商标，而且已经使用了很多年，客户已经印象比较深刻，所以 LOGO 就不变了，你们就按这个基础进行 VI 系统设计吧……”这样的客户表述，是我们经常遇到的现实情况。

若是找了不负责的设计公司，可能就问题大了，它们通常会以尽快结案收钱为核心目标，反正是客户给钱，你想怎么做就怎么弄呗。到最后得到的就是一份为了设计而设计的VI模板手册，根本起不到作用，还给后续品牌推广设下陷阱，且浪费更多执行成本。

遇到这样的情况，五源设计的做法是，通常会看清问题的本质，再提出合理有效且更具融合性的实效解决方案。

2015 年底，我们就完成了这样一个典型的案例。客户是一家从事 IC 电路封装的拟上市企业，找到五源设计的目的，是配合公司全新工业园整体企业形象的 VI 系统导入升级设计。

起初我们接到此项目委托时，类似开头所述，该企业高层希望保持原 LOGO 不变进行 VI 系统设计。

据该企业高层说，此 LOGO 是经公司高级管理层全体融合的创意设计，其中包含了 CPC、IC、OK、中国、全球等“创意”概念，而且老板之前也挺满意的。

可是，从我们品牌设计专业的角度来看，这个 LOGO 设计有不少问题，对于陌生的受众来说，上述那些所谓的“创意”概念是很牵强的。此标志是挺有个性的，但有两大问题：一是图形太复杂，看不懂，不易被描述；二是品质感不强，跟新的工业园环境不匹配。

下图是我们最初看现场时，企业方原 LOGO 贴在大堂背景的临时效果。

显然整体感觉与建筑环境是不相配的，也没有体现出他们“国家高新技术企业”的品牌气质。

发现这些问题之后，我感觉到从我们专业的角度，以及站在企业长远发展的立场，肯定还是非常有必要对原 LOGO 进行升级设计的。

接着我们通过行业同行调研，了解了全球十大半导体公司，它们的形象都非常简约，且具有相当的品质感，也没有更多特别的“创意”概念，而非常注重实际环境的产品的体验。

下面这个是全球第五大半导体厂商意法和恩智浦半导体 LOGO 形象，也是在近年进行过细化升级。

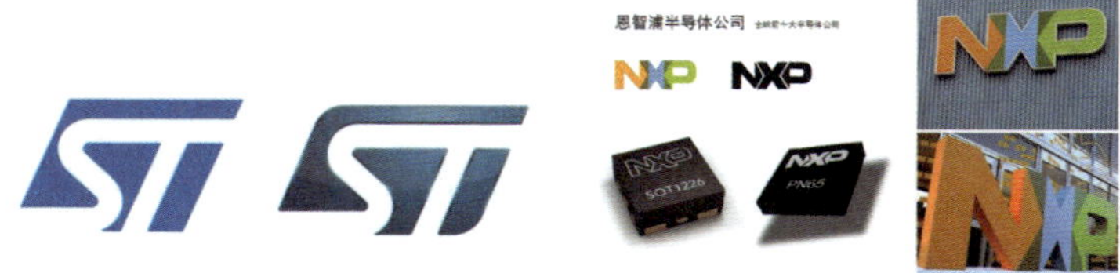

比如我们熟悉的三星，它旗下也有做半导体的公司。三星早期的 LOGO 也是非常复杂；1990—2010 年三星的 LOGO 是简约的英文字体，加上一个椭圆形；而在 2015 年三星又将椭圆形符号去掉了，直接以简约的英文字体展现。

通过这些例子我们能清楚地感受到，品牌形象并不是注册了商标就永久不变，而是必须基于发展现状进行适当的更新与升级。

了解到这里，我觉得我们此次项目的升级工作，也是可以参考以上思路进行的。之后我又通过网络搜索了解到，原来客户早期的 LOGO 就是以 CPC 作为识别的。

通过对比现有的 LOGO 可以看出，其实最早的 CPC 标志识别性更好一些，起码我们能记住 CPC 三个字母，可现有的 LOGO 就基本看不明白了。接着我又通过商标网查询得到，原来企业还注册过类似 CPC 样式的标志方案。

综合来看，我觉得相对来说，该公司早期标志的符号识别性方向是更适合的。在此项工作之前我一直没见到最高决策人，该企业管理层给我的反馈是沿用现有方案，但出于用心负责的态度，我还是觉得必须尝试一下新的优化升级方案。

于是，我跟设计团队伙伴探讨后，决定采用循序渐进的提案思路来引导客户。

方案一：在原 LOGO 上进行优化设计，关键词为“传承、规范、创新、品质”。

方案二：关键词为“突破”，让原 LOGO 方案再突破更新。

方案三：回归本源、国际视野，展现最具融合性的全新方案。

以黄金比例标准进行规范设计

b

a

$\frac{a}{b} = 1.618$!!!

原标志

方案一

方案二

方案三

当我们在客户公司会议室提出这三套方案之后，既欣然又在意料之中的结果就是，方案三得到了企业最高决策人以及在场管理层的一致认可。老板还说他们的客户就是称他们企业为 CPC 的，说明这跟我的预测是完全一致的。

我从事品牌设计十余年来，一直有一种信念萦绕在我的脑海中，那就是好的设计一定是先要能够感动自己，才有可能感动客户。

以上这套 VI 升级全案设计，之所以能够转变客户最初的看法，很大程度上正是基于这个信念，再加上我们认真负责的态度，全心全意为企业长远考虑，我相信能够做到这样，是没有哪位明智的决策者会拒绝的。

在五源设计没有大客户、小客户之分，只要能做到相互欣赏、相互信任、坦诚沟通，每一个项目、每一件事情，我们都同等对待。

设计公司会更专注于品牌视觉形象把控，而客户自然更了解自己的企业、更清楚产品、更明确企业愿景。因此，再好的设计，也不是设计公司单方面的创作，而是双方深度融合的结果。

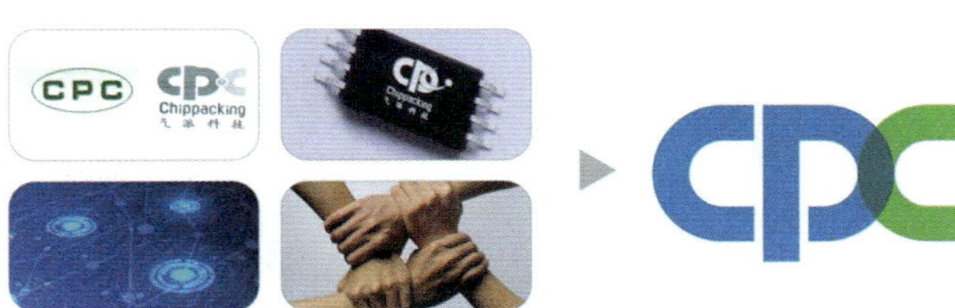

工作证
6F
会议室
VIS
CPC
广东气派科技有限公司

为什么中小企业做好 VI 设计就能提升销量

经常遇到一些朋友问我是做什么设计的，以前我会说是做企业形象设计或品牌设计，但发现很多人还是不太理解到底是干吗的。

因此，我现在会说主要做 VI 设计，不过还是会经常遇到不清楚的，一些朋友常常一见面就说："最近忙不忙，想请你帮我设计一个 LOGO。"

对，就是这样，一些创业者以为做品牌设计个 LOGO，注册个商标就是最重要的，然后我会建议做 VI 设计，不一定要做很多 VI 项目，就把企业当前面向客户的主要物料规范设计就好。

对于有一定品牌基础或方向清晰的客户，很多都能接受建议而达成合作，不过也有一些朋友一看到报价，就觉得："怎么那么贵？最主要是 LOGO 设计啊，其他都很简单的。"（可能他们以为主要是 LOGO 设计要收费，其他都是附带的！）

这种情况，还是在认知上有一些偏差，只能说明他们的知识体系还没有达到深刻印象。有一位老友说："人生不是选择题，而是知识竞赛题。"客户委托五源进行 VI 设计，不是他们选择我们，而是我们的知识架构正好符合了他们当前的认知。

你正好需要，我正好专业。

那么，为什么中小企业做好 VI 设计就能提升销量？

很多人说 VI 设计只能锦上添花，也不是什么品牌设计，这样的理解对，也不对。对于一个完整的品牌体系来说，VI 设计、LOGO 设计肯定只是最基础的一个点，要想真正打造一个强势品牌，除了需要一位善于经营的领导者，以及卓越的团队配合，肯定还需要大量的资金实力支持，等等。

而对于中小企业来说，想要打造强势品牌显然不是那么简单，但也不能因为难而不去做准备。但凡有远见的企业，通过走出去学习与了解，特别是经历过艰难困境的决策者，他们早已经在开始改变了。这几年与五源设计合作的客户中，就有很多之前是做生产、制造为主，到现在转变为做自己的品牌，产品找代工厂生产。虽然找五源设计主要就是进行 VI 设计与包装设计规范，可对于中小企业创品牌来说，这些是实效创新的第一步。

VI 设计，就是企业或品牌形象的整体视觉营销体验设计，只要定位清晰，产品品质有竞争力，再配合实效 VI 设计的导入，很大程度上就可以迅速提升销量，长期塑造品牌。信与不信，还是要看企业决策人的认知与执行力。

中国式开店，品牌形象设计有多重要

在我的印象中，自从 2008 年国际金融危机以来，实体经济再也难见之前那种火热的景象，加之房地产到处开发，很多曾经旺盛的地段也逐渐变得冷清。于是，同一条街就出现了相互挤压、适者生存的现象。

因为做设计的职业习惯，生活中我经常会关注身边商业实体店的经营情况。经常见到的情况是，同一条街，本来有一家小店生意挺好的，然后过一阵来一家同行，直接开在它对面，过了一阵又来一家开在它旁边，没多久对面那家关门了，又过了一阵附近 100 米开了一家品牌连锁店，结果最早一家店也不得不关门了。

这就是最普遍的中国式开店，这类情况，出现最多的就是餐饮、烘焙、饮品店。尤其是烘焙蛋糕店。因为经常听人说做蛋糕利润高、有钱赚，于是很多人想来抢这块蛋糕，但真的那么好抢吗？只有做过的人才知道。

最近又见到一家仅开了一个月就关门的蛋糕店，据我观察主要有两个致命问题：

1. 选址错误。旁边 30 米就有一家开了近 10 年的品牌连锁店，你各方面没有明显的优势，那只能完蛋，要么你就开远一些。

2. 形象设计失败。名字土气不说，还敢称源自法国，可那形象设计感觉很落后。群众的眼睛都是雪亮的，感觉与体验的设计太重要了。有朋友说如果产品好，形象也没什么关系。我想说，产品当然也是重点之一，但多数此类新开小店的产品都比较同质化，就是不可能好到哪里去。

这家店我感觉应该是加盟的，很多商人就是靠这样“包装一个品牌”，编造一个故事，弄一套模式，然后让人来加盟赚钱，甚至自己都不开店，风险全是投资人自己承担。

当然，有一些地方开店的形象可以说不是特别重要。比如小吃一条街、服装一条街、商品批发一条街等，因为这些地方人流量大，消费档次一般，没有品牌店竞争，人们更关注产品的口味以及性价比。

但如果你开在大街上，开在城市综合体里呢？

你想与连锁品牌竞争，你想做自己的品牌，要积累自己的口碑，那么品牌形象就至关重要。最明显的是我们去万达、万科这些商场就能看到，一家比一家装饰得有格调，设计一家比一家有特点。

为了什么？为了给消费者一个美好的体验！

对于万达、万科来说，所有入驻的品牌都必须有自己规范的形象，不然是不让进的。当然并不是说形象设计好，生意就一定好，最终还是取决于你的产品、模式、服务及口碑等各方面的融合。

形象设计是一块敲门砖，给消费者一个好的第一印象。只有先吸引关注，才有更多的机会。

说完了商场，其实街铺甚至美食一条街的品牌形象也是非常关键的。2013年，五源设计就做过一个做消夜大排档的餐饮案例，早期他们有一家店通过两年营业，已经做得很不错，生意相当稳定。他们非常看好消夜大排档这块市场，因为目前还很少有在这方面通过以品牌和团队的模式来运营的。

当然在进行形象设计之前，他们很多做法都跟一般的大排档不一样，也就是有很多创新的地方。比如桌子、桌布的选择，厨房的设计，灯光的设计，产品的配置，价格的定位等都是经过细致策划的。这样的话，再经过我们导入全新的品牌形象 VI 系统设计之后，整体形象可以说是整条街最显眼的，目前已经开了近 10 家直营店，都是开一家火一家！

等过了一阵，我再去这家店吃饭的时候，发现周边整条街 80% 的大排档招牌都在模仿它。但是这样的模仿肯定是无效的，因为这些店只是找广告商大概参考那种形式、灯光等仿造，LOGO、字体没有任何的设计，所以在整体气质上区别是很大的。

现在这年代开店，你还能说形象不重要？

不过真的有一种店不需要找人设计，因为人家已经设计好给你了，比如手机店。

我发现这些老板机灵得很，他们的招牌可以说是换得最快的，就是见哪个品牌手机好卖，就立刻换上哪个品牌的。以前是满街的诺基亚，后来到处是苹果专卖店，现在不是 vivo，就是 OPPO 或华为。

也就是说，如果你的定位是创品牌，如果想让更多潜在顾客记得你，那么，注重品牌形象是非常必要的，要么加盟人家已经设计好的（记得选知名品牌，很多杂牌的还不如自己找人设计呢），要么把加盟费拿来设计一套自己专属的品牌形象。

千万不要为了省点设计费，最后发现问题就晚了，毕竟如今在大街上开一家店没有几十万甚至上百万元的投资，你想立足、稳定，那风险太大了！

创业开店，选择加盟还是塑造自主品牌好

对于创业开店这件事，主要有三种选择：第一种是按自己想法来，没有品牌，主要卖产品或口碑；第二种是选择加盟现成的品牌、别人的品牌，感觉更省事；第三种为长远计划，找设计公司塑造自主品牌，提前打基础。

市场上按第一种（没有品牌）创业的可能是最多的，但这种店面通常比较被动，生意很容易就被周边的品牌店给抢了，当然一些口碑已经建立起来的比较稳定，只是很难做大，不利于复制。

也有不少创业者图省事，直接加盟一些现成的品牌，但这里往往也面临两个难点，成熟的品牌加盟费是非常高的，整个店开下来少则几十万元，多则上百万元。比如麦当劳、肯德基这类品牌，对于加盟者还有更高的要求，不仅需要你有丰厚的资金财力，还得考核你的事业心、家庭状况，等等。

当然，市场上还有不少新出现的加盟品牌，它们可能加盟费几万元，还有些甚至免加盟费，但其实这里面存在的“坑”也非常大。

比如经常会看到一些蛋糕店开几个月甚至一个月不到就关门了，但是发现招牌上还写着法国知名品牌之类，店里还放着这个“法国知名品牌”的授权牌，仔细一看看下面写着运营方：广州 ×× 企业管理有限公司。通过这一点，再结合我自己做品牌设计多年的经验，很显然所谓的“法国知名品牌”一定是假的，因为店面招牌

形象看起来一点都不法国，甚至常人都会看得出不太像一个专业的品牌店。通过网上一搜索，发现还真有不少创业者上当，原来虽然加盟费很便宜，但是原材料成本却贵得离谱，还有一些过期的材料都发货过去，这样的加盟店能做起来才怪。

如果自己对这个行业完全不懂，还是要谨慎选择加盟模式，千万不要只看到“利润”而忽略了细节。其实加盟这些不靠谱（或者不成熟）的牌子，还不如从一开始就把加盟费用来找 VI 设计公司塑造自主品牌，在经营方面也完全可以找到相应的人才进行补充，这样也不至于被人坑。

还有一种做法，就是选择加盟一个品牌的同时，也可以同步建立自己的品牌，比如五源设计的一个客户泓旭堂健康养生会所，他们在加盟了“头道汤”的同时，就选择了同步建立自己的品牌泓旭堂，一开始就选择了五源设计塑造了规范的连锁 VI 设计，请看下面的案例作品展示。

创业开店，选择加盟还是找 VI 设计公司塑造自主品牌更好？还得你自己综合考虑好！

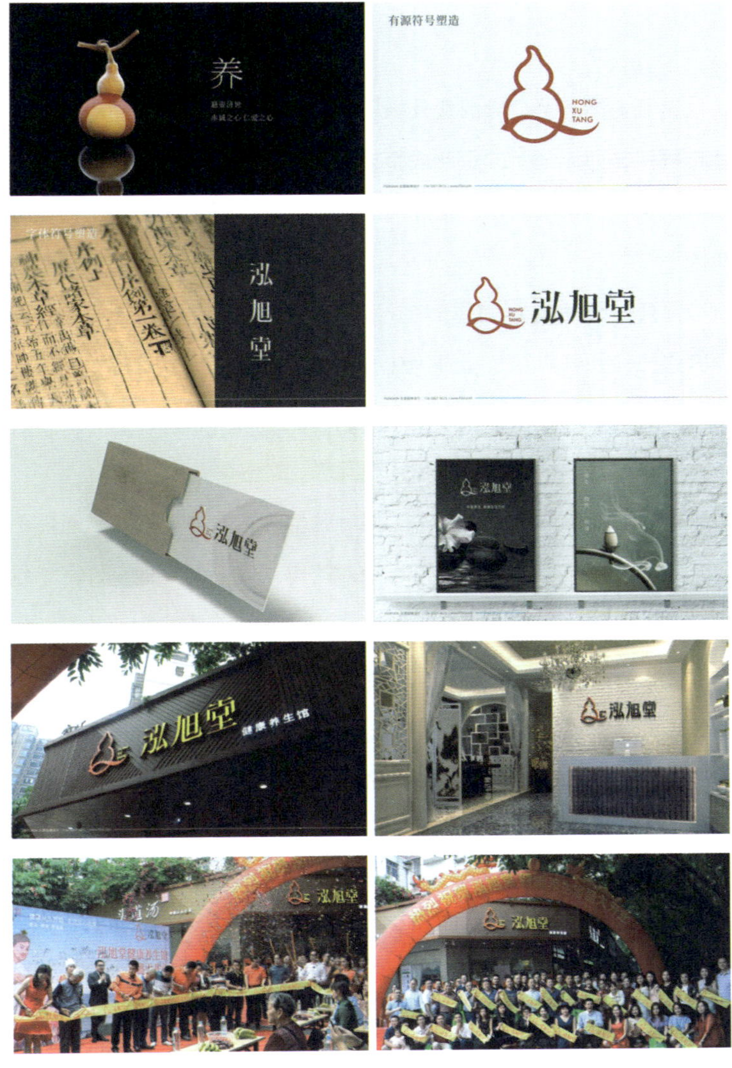
养
有源符号塑造
HONG
XU
TANG
泓
旭
堂
泓旭堂
泓旭堂
泓旭堂
泓旭堂
健康养生馆
泓旭堂
泓旭堂
泓旭堂

现代企业“品牌颜值”开拼时代已来临

随着全国乃至全球消费升级不断升温，以往只有产品思维，只做传统销售而无创新的企业或个体，逐渐感到越来越没有优势，产品同质化、价格透明化、企业形象差等都是市场竞争白热化的根本原因。

消费升级并非单纯的市场升级，而是消费群体的意识升级、观念升级、认知升级！这也是为什么众多大企业、大品牌都在不断进行品牌形象升级，因为知名度永远都不够！这也就迫使企业家自身也跟着意识升级、观念升级和认知升级。

销售业绩虽然是生存之本，但一味地为了销售而销售，显然不是长久之计。多数消费者都没有绝对的忠诚度，谁对他更好、感觉更好、印象更好，很快就会跟谁而去。

对于有远见的企业来说，想要创建自主优势的品牌，首先必须从长远的战略定位出发，以及尽早为企业塑造专业的品牌形象，以高姿态、高标准的落地体验，逐步打造自己的高颜值品牌，让消费者时刻感受到企业或品牌的与众不同，才是企业立于不败之地的明智之举。

再小的企业都有自己的品牌，每个品牌都有必要塑造专属的有源符号！

品牌形象塑造并非一次性工作，而是需要长期多维度的管理与升级设计。就如我们参加不同场合活动都要搭配相对得体的服装造型一样，唯有如此才能保持自身的高颜值，才能给对方一个更好的印象。品牌如人，个人形象如此，企业品牌更为重要！

VI设计也是视觉体验营销

有一天晚上刷朋友圈，看到外地一家商场的促销刷屏，活动主题是：一个大的“今天5折”，加一个小小的“××××年××月××日”，我看到的是连续发了三张一样的海报，再看她朋友圈，两天内刷了N次。

但其实我并没有太反感，第一因为是认识的微信朋友，经常有互动；第二是海报设计还不算难看，起码有专人设计过。

我的疑问是：这样会有效果吗？

于是，我咨询了一位同样做商场企划的朋友。

朋友说：“这是视觉营销，我们也刷，必须刷！商场同事有100多人，每天必须刷，各个阶段各种刷！”

想想确实是，看她朋友圈发了那么多，我今天才看到她这个连刷的三张（因为我白天都没怎么看朋友圈，加上好友近5000人，估计她早上发的我就看不到了）。距活动日期还有十多天，人家就开始宣传、不断刷屏，我想，他们肯定有过不少实战经验，有效果有钱收才这样做的。

不过我的建议还是要控制一下，毕竟重复的内容发太多容易让人反感。当然，对于视觉营销来说，VI设计也非常重要，就是起码你的图好不好看，对人有没有帮助，有没有学习的地方，有没有收藏价值。

一天我去见了两家需要做 VI 升级设计的企业，但我发现这两家企业的情况刚好相反，一家是非常注重 VI 细节的延展与执行，非常在意标准色，衣服、桌子、门、窗帘、柜子等都是一种颜色，玻璃上贴满了 LOGO；另一家企业却相反，办公室基本上看不到太多有颜色的地方，玻璃上也只是磨砂了并加了点 LOGO，一眼看过去基本看不到。

通过上面商场的刷屏启示，我觉得企业 VI 设计的目的，其实就是视觉体验营销，只是上面的活动是一个短暂快速的方法。

而企业 VI 设计的导入，是一个长期甚至是潜在的营销，就是在时时刻刻、方方面面都需要融入 VI 视觉的识别，这样才能不断强化企业的品牌形象，让内部员工更具凝聚力，对外提升品牌在供应商、客户心中的美誉度。

不过，前面提到的这两家企业，是目前VI升级设计的核心，若这两家情况中和一下就更好了，前一家减少一些色彩与标志，后一家增加一些色彩与符号。不管怎样，还是要根据现场而定，按实际体验来设计，这也是很多威客设计和广告执行公司干不了的事情。

企业品牌形象创建五大关键

优秀的品牌形象并非只是做给自己看的，我们应该充分考虑到企业的市场定位与未来规划等。我总结出了五条关键点供参考。

第一点：取名勿马虎，简单好记是基础

优秀的品牌都有一个好名字，名字就是品牌，是企业最有价值的资产之一，建议命名最好站在长远的角度去考虑，比如是否简单好记、能否注册商标（很多名字工商能注册、商标不一定能行）、同行相似的多不多、是否与行业有关……企业或品牌命名最忌讳的是生僻字或多笔画的字，最直接的影响就是增加传播成本。

第二点：标志不自满，目标客户先通过

很多企业在咨询设计公司时一上来就问："要是不满意怎么办？"按理说，企业掏钱是应该要先让其老板满意，可是LOGO设计除了传达企业精神外，还得想想我们的目标客户是否能接受。我们的LOGO（标志）设计首先是要先从消费者出发，再考虑自己的看法。

第三点："服饰"要得体，整体气质数第一

企业内外由大到小，我们所能看到的物件都算是企业的"服饰"，很多老板会误以为企业形象就是VI手册，以为做了一本手册，企业形象就做好了。其实这是错误的理解，VI系统若没有真正去执行，那等于白费，就像你买了新衣服又放着不穿，依然穿着旧衣服去见客户是一样的道理。企业的“服饰”（VI形象）也是一样有独特气质的，而这些细节都需要设计师在创作中根据企业的实际现状量身定制。

第四点：宣传得重视，酒香也怕巷子深

这个年代似乎很少听过哪个行业没有竞争的，除非垄断行业，或者是一些市场空间小、偏门且小众的生意。因为有竞争，自然消费者的选择就越多，在这个时候，如果企业不重视自我宣传，可能很容易就被同行给挤走了！当然，宣传的方式也是多种多样的，而要想在行业中占据领先地位，自然得重视每一个宣传物料的策划与设计。

第五点：网络必互联，远程客户正找你

互联网的优点就在于完全可以不受地域的影响，只要你的产品或服务够有吸引力，再加上多渠道的有效推广，相信总会有大把的机会。另外，随着智能手机的快速发展，基本上人手一部，加之微信社交的便利，更意味着真正的互联网时代已经来临！相信你要找的客户也正在找你。如何互联？作为现代型企业，这些媒介是不能少的，如 PC 官方网站、手机微网站、微信公众号、抖音号等。拿五源设计为例，我们自 2008 年官网上线以来，80% 的业务来源于网络，而自从有了微信，近些年很大一部分业务都来自微信。

制造型企业转型第一步：VI 设计得先行

前阵子看到一张“2017 年度净利润高的世界企业”排名图表，发现前 20 名只有 5 家来自中国，其中 4 家是银行，另外 1 家是中国移动，一家实体企业都没有。

看到这个真让人有点儿吃惊，但转念一想也不奇怪了！

为什么利润最高排名第一的，还是美国的苹果公司？

说到底人家自始至终都是品牌至上，体验为王！相比之下，目前的国内企业在品牌建设上显然还差距不小，且众多企业依旧停留在急功近利、只求业绩的心态之上，对品牌缺乏基本的认知。

就拿制造企业来说，由于多数都以 OEM 贴牌加工起家，早期因为长期有单做有盈利，自然没有去想做自己的品牌。再加上也不了解什么是品牌，更不知道怎么创品牌，总以为创品牌是大企业的事。直到 2008 年国际金融危机开始，由于外销订单逐渐缩减，才开始想着还是要做自己的品牌。

但对于品牌这件事，很多企业家仍然认为注册个商标就完事了，很多都没找过专业设计，以为有了个 LOGO（商标）就是品牌了，然后往名片、画册、网站、产品上随便一贴就行。

事实上这样的“设计”在市场中是完全没有竞争力的，更谈不上品牌。我知道很多制造企业，主要是做大企业的下游供应商，因为没有自己的产品，都是帮客户配套，所以觉得没必要做品牌，也不想做什么 VI 设计。

其实，每个企业本身就可以是一个品牌，比如富士康就是制造企业的大品牌，你的企业如果能做到行业公认的首选，也是品牌形成的开始。

制造企业做好 VI 设计的三大好处：

1. 快速有效地建立优势的品牌形象基础，能够吸引更多潜在客户的关注；

2. 企业招人留人更容易，加强团队信心，自然利于销售业绩的提升；

3. 越早进行 VI 设计规范，越有利于积累属于自己的品牌资产，提升品牌附加值，而不会陷入行业价格战。

近年来，有很多制造企业越来越重视品牌，有些企业是因为竞争大，或者有同行因为创建了自主优势品牌尝到了甜头，看到人家找品牌设计公司做了专业的 VI 设计，对比起来才意识到再不改变就落后了。

还有很多发展好的企业，因为要搬到新的厂房环境，想一步到位把形象规范好。以下是五源设计完成的一个企业形象 VI 设计升级案例。

Ruisen

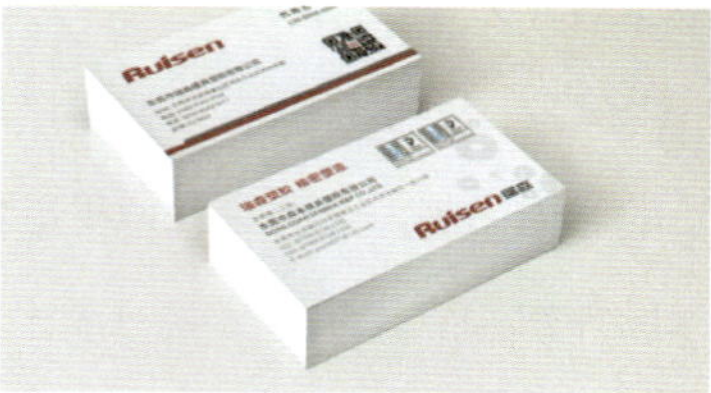
Ruisen

Ruisen
瑞森塑胶

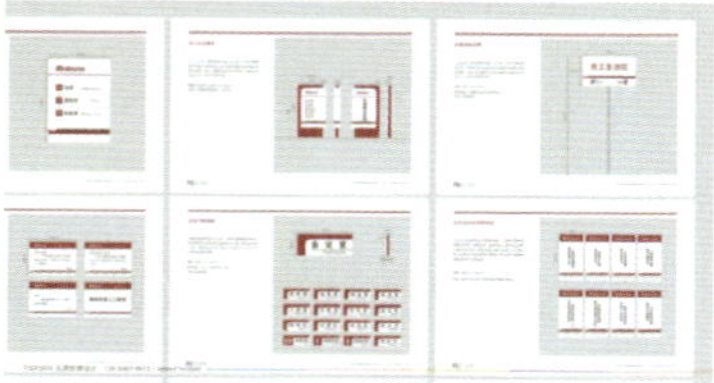

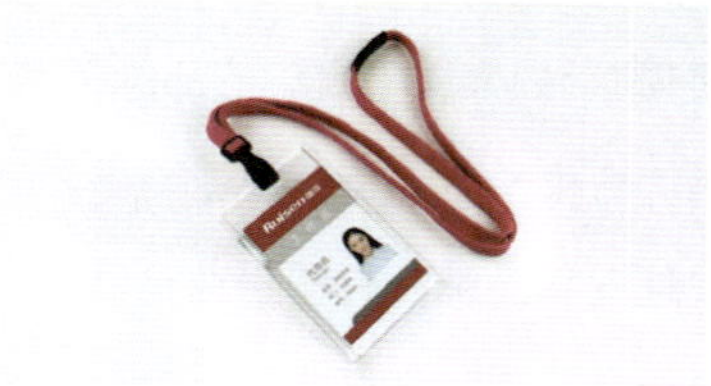

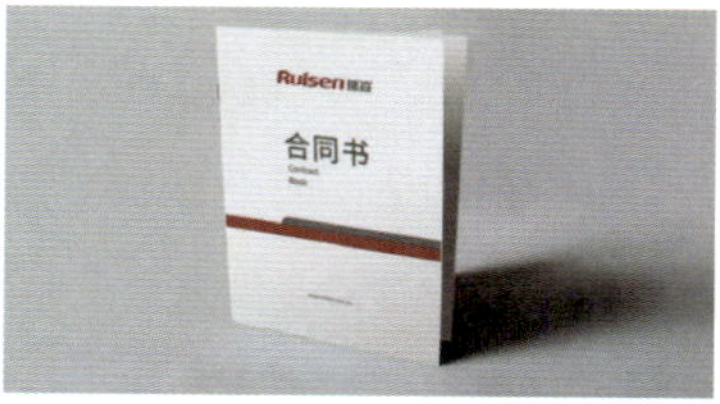
Ruisen
合同书

Ruisen
瑞森塑胶

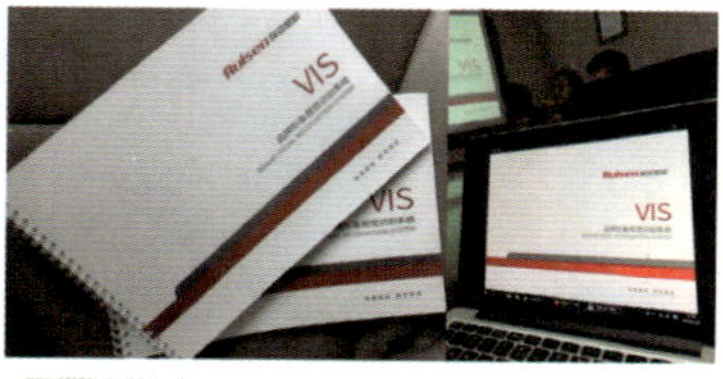
VIS
VIS
VIS

瑞森
Ruisen

Ruisen

形象升级设计目的：

配合全新企业环境的规范形象导入，打造国际化、品牌化的现代企业形象气质。

发现问题：

经调研发现，在塑胶同行企业标志识别中，多数以首字母组合或“抽象图形＋公司名称”，色彩多以蓝色为主，总之同质化非常严重，而且传播成本非常高。

解决方案：

问题既是答案，也是企业塑造优势品牌形象的大好机会。我们提出直接以简约的英文字体标志作为主识别，同时识别色彩采用能与同行形成高反差认知优势的酒红色；再导入整体识别形象规范系统，使企业形象快速上位行业新高地。

企业 VI 设计不等于 VI 手册的设计，最终的价值形成在于实际的落地，建议企业在规范好 VI 设计系统之后，一定要认真地按照标准执行，必须在每一个环节确保一致的应用，才能让潜在客户以及内部员工感受到不一样的体验。

工业润滑油品牌 VI 设计案例解析

俊辅润滑油是东莞市科源润滑技术有限公司旗下的独立自主品牌，现有 1200 平方米的生产规模，年产量达 30000 吨，是一家专注于金属加工润滑油的民营科技企业。该公司致力于打造行业中高端润滑油品牌，于 2019 年 1 月初正式委托五源设计，进行旗下品牌策划与 VI 设计工作。

五源设计以专注“更实效的战略 VI 设计”为宗旨，我们所提供的服务当然不只是视觉设计，而是站在企业的角度全面地审视，并切实提供实际有效的品牌设计方案。

了解到“俊辅”是客户自己先想好的中文名字，这个名字的寓意是“好用的辅助润滑油”，在设计前经查询确认可注册商标。但拼音 Junfu 有人在先注册了，所以五源设计为客户提出了全新可注册商标及国际域名 www.dremfu.com 的英文品牌命名：dremfu。

另外，一说到润滑油，我们第一认知可能会想到汽车润滑油，而实际客户是做工业润滑油的，而且以金属加工辅助油为主，这就是需要先解决的重要问题，从而更好地吸引优质精准顾客。

所以，我们根据企业的定位以及核心产品优势，提炼出了企业的品牌有源口号话语：

A. 金属加工用好油，就选俊辅润滑油；

B. 俊辅，更好用的辅助工业润滑油。

在品牌识别 VI 设计环节，我们直接以英文名“dremfu”为设计源点，同时在首字母“dr”融合塑造了“润滑油”的有源符号设计，从而实现让消费者快速识别与记忆的视觉强化效果。

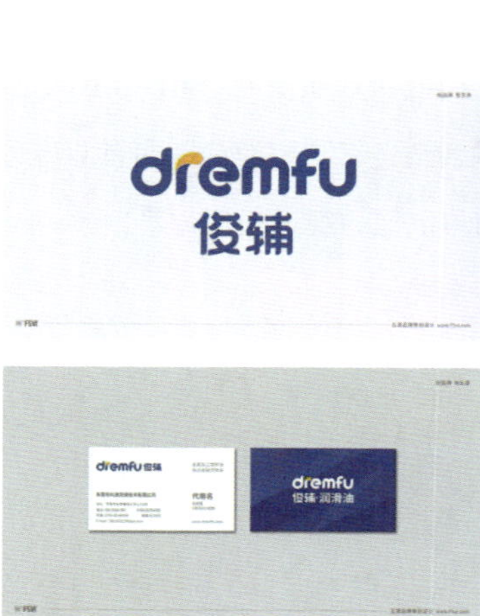
dremfu
俊辅

dremfu 俊辅

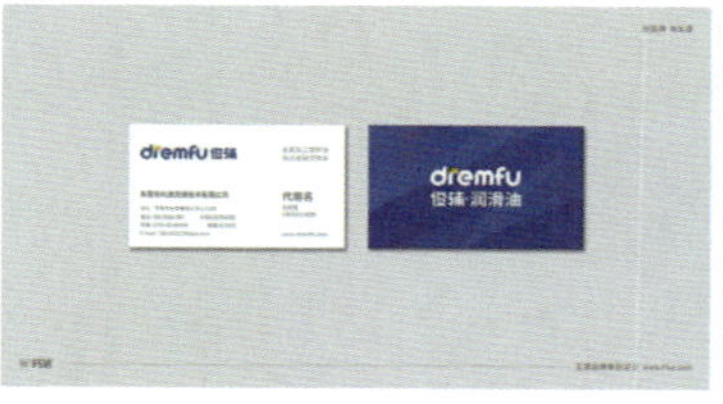
dremfu 俊辅
dremfu
俊辅·润滑油

dremfu

车体广告
dremfu 俊辅
dremfu
俊辅·润滑油
金属加工用好油,就选俊辅润滑油

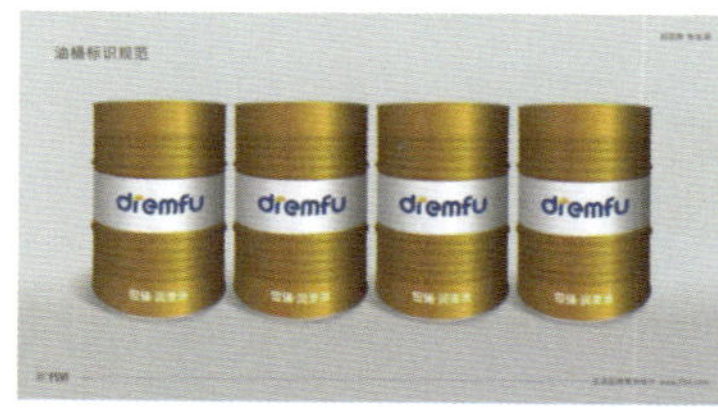
油桶标识规范
dremfu

油桶标识规范

dremfu

dremfu
俊辅·润滑油

化工企业品牌 VI 设计升级案例解析

东莞市高图精细化工有限公司成立于 2009 年，主要从事胶粘剂和化学品的研发、生产及销售。公司产品主要为光固化胶粘剂、触摸屏化学材料、新型特种化学品三大类近 100 种系列产品，广泛应用于触控模组、液晶显示、医疗器械、3C 产业、微型电子、塑料制品、玻璃金属等多种行业。产品已在瀚宇彩晶、奇美电子、步步高、伟创力、正大光电、帝晶显示等知名企业成功应用。

2018 年高图启动了全新品牌发展战略，委托五源设计进行企业品牌设计升级工作。

品牌 LOGO 是现代企业的核心基础识别，也是企业的软性品牌资产，优秀的 LOGO 设计要通过简约直观的视觉表现出来，同时还要体现出企业的行业特征、品牌理念和企业文化，因此品牌设计升级首先要从品牌 LOGO 设计开始。

高图原有企业 LOGO 为图文组合，虽然从视觉上看也不算差，但从产品与企业品牌传达来看，标志组合表现元素过多，可以说是一个增加传播成本的 LOGO 设计。五源设计经过与客户深入沟通后达成了共识，新标志放弃原有图标以及英文名“gotobond”，全新品牌形象以“gaotu”为主识别。

全新的品牌 LOGO 设计为一款定制的标准字体，以流畅圆润的形式展现，简约的字体设计中，还融合了一些抽象的行业产品属性，整体视觉既能直观传达信息，也容易给受众留下深刻印象，有利于品牌的传播。

在品牌整体识别体系中，除了核心的 LOGO 设计，我们还为企业另外塑造了具有行业专属印象的有源符号策划设计，它可以说也具备超实效的感官吸引力，其作用在于辅助品牌 LOGO 的衬托识别。很多场景下有源符号的识别很可能是超过 LOGO 本身的，有源符号就是提升品牌价值认知的秘密武器，也是强化企业 VI 设计的重要元素之一。

高图旧包装的主要问题在于：标签版面信息凌乱，主次不分明，连最基本的品牌名都看不见，导致整体缺乏品质感和品牌感。

要想产品有效地引起受众的好感，并进入消费者的选择范

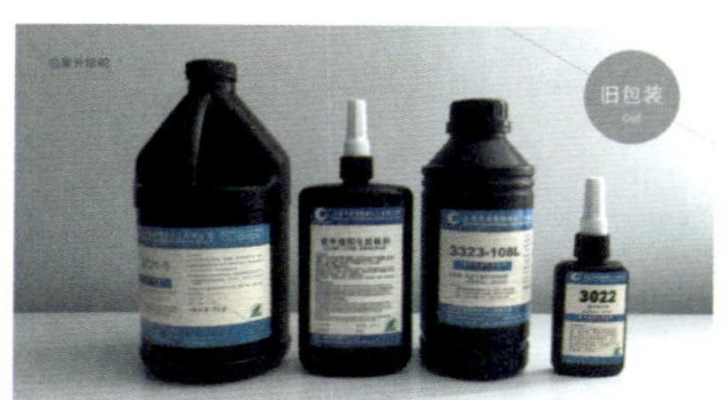

围，产品的包装设计一定要确保视觉传达直观明了，信息主次分明，具有明显的独特符号化设计。下面各图为五源团队重塑升级后的品牌形象设计呈现。

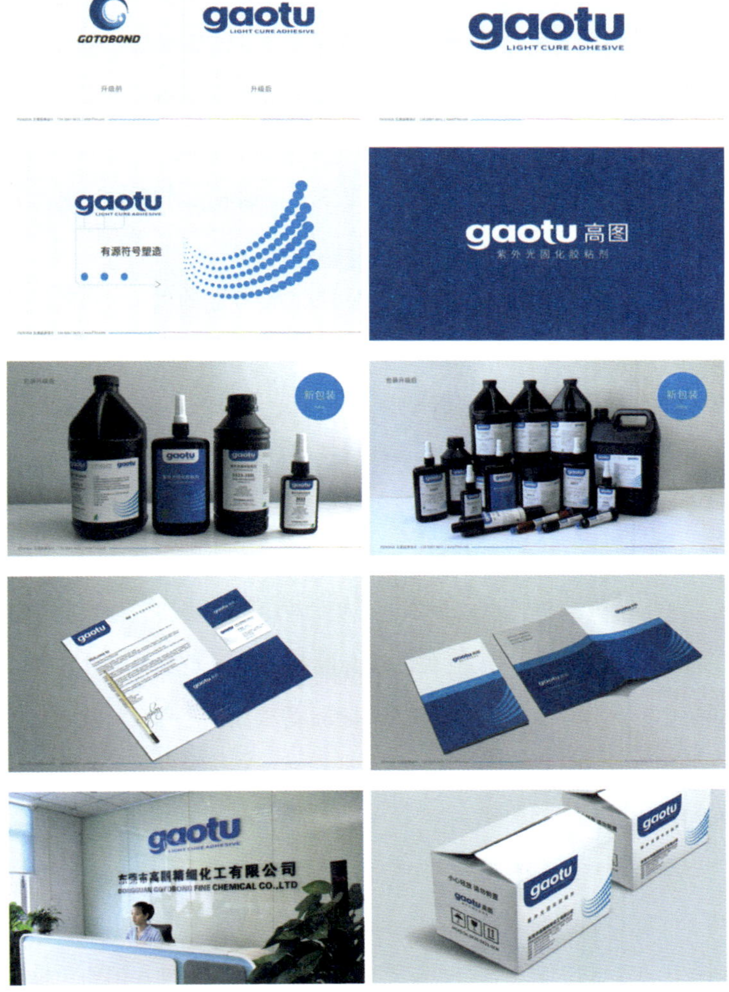
GOTOBOND
gaotu
LIGHT CURE ADHESIVE
升级前
升级后
gaotu
LIGHT CURE ADHESIVE
有源符号塑造
gaotu 高图
紫外光固化胶粘剂
新包装
新包装
gaotu
LIGHT CURE ADHESIVE
东莞市高图精细化工有限公司
DONGGUAN GOTOBOND FINE CHEMICAL CO.,LTD

为何机床设备企业要特别重视品牌营销

我们知道中国的制造业早已是闻名全球，然而大家应该也清楚，很多制造企业用到的机床设备，还是被众多国际品牌占领了大部分市场，而且利润空间更是传统企业无法比拟的。当然从产品 / 性能来说，我相信国内很多企业的机床设备，也越来越具有核心竞争力，或者越来越具有高性价比了。

可是，为什么众多消费者还是青睐国际知名的机床设备？还是因为品牌影响力。因此，我认为中国的机床设备企业，也一定要从早期就开始打造自己的品牌影响力，如果一味地靠降低产品价格，一味地靠展会靠业务员推销，肯定会越做越痛苦。

要是国内的机床设备企业，尽早或一开始就重视并做好品牌 VI 设计，那么品牌形象的价值即可逐步体现。最基本的一点，咱们的产品技术过硬，口碑也不错，假如你之前的设备一台只能卖到 30 万元，而同等技术、性能的国际品牌设备可能要卖 100 万元，如果你的品牌形象能提升到能跟国际品牌相比较，那么消费者就很可能愿意花 50 万元去选择你的产品，这就是品牌包装所能体现的高溢价。

举个现实存在的例子，咱们人人都用的手机，以前很多山寨的牌子，就靠低质低价竞争，最后全销声匿迹了。后来就出现了几大新锐国产手机品牌，它们的特点是什么？现在大家都在用的，想想你为什么选择它？其实就是三大特征：

1. 产品性能不错，体验也不比大牌差，外观设计也提升了不少，甚至有超越的势头；

2. 都非常注重品牌 VI 设计，每个新品推出都要找专业的品牌设计公司进行策划包装设计；

3. 价格只有高端品牌手机的一半，或者便宜两三千元，但也比之前山寨时代的价值提升很多倍。

我认为机床设备行业与手机行业的消费观是一样的，只是设备大小的差别，机床设备的客户肯定都希望自家买的产品能符合这三个特点：性能好、外观好、价格相对实惠。

下图为五源设计在 2019 年底完成的品牌升级案例。

升级前

DINYITO
鼎亿精机

五源升级后

什么情况可直接用中文名做标志设计

2019 年底，东燃股份找到五源设计，想要进行整体企业 VI 设计工作，得知他们是在网上看到我的文章和案例找来的，经过沟通了解到，他们之前已经找人为公司设计了几个版本的标志，而且还注册了几十个商标类别，但是很多类别都被驳回了，特别是图形标志的主要产品类别都没下来。也就是说前面花的数万元费用，再加上两年的时间，到最后基本上是走了个大弯路，然后又找到五源设计重新来设计。

我看了之前设计的图形标志，以我的经验来看也是风险很高的，因为常见的对称元素旋转为圆形这种标志，基本是每天都有大量的设计师想到的。

我也不太推荐这种抽象的图形标，比如我们在网上随便搜索个圆形标志，就会出现一些很眼熟的图标。

东燃股份之前的 LOGO 就是类似这种感觉的，客户自己也说了，之前的设计费不贵，但是商标注册费用真的没少花。沟通中，他们还是更想要有一个图形 LOGO，我也只好答应尝试一下，但肯定不建议按上面这种传统方式表现。

在设计之前，我们先帮客户进行了企业定位与口号传达话语提炼，这个环节也是非常重要的，也只有明确了这一点，企业 VI 设计的方向才会更清晰。他们原来只有一句话“减排，只为全球做贡献”，我感觉这句话更像是企业理念，不太像是广告语，因为没有说清楚是做什么业务的，最后我们提出了企业全新定位话语：东燃股份，生物质能源运营商！以及口号话语：要供热，找东燃！

关于 LOGO 设计，我们尝试过单独的图形标志，还有一个与拼音结合的 LOGO 方案。下图是 LOGO 设计概念出发点，最后一个就是本案定稿的，直接是中文名作为 LOGO 主识别。

为什么建议直接用中文名做标志设计？

一是因为我觉得“东燃”名字本身就是有源符号，名字本身就和能源属性相关，我们设计 LOGO 的目的就是让受众记住我们的名字。

二是因为之前“东燃”和“dongran”的核心产品商标类别已经注册通过，直接用中文做商标，也规避了之前图形商标被驳回的风险。

三是文字型标志更为简约耐看，多种组合形式更方便灵活应用，更关键的是更符合现代的股份企业形象。

东燃股份 DONGRAN

东燃股份企业决策人在听了我对于本方案的阐述后，很快给予了认可。当然，这也是他们经历过前面那些弯路后，才更能体会到我们做LOGO设计的不易。最后这个方案能被接受，我也是蛮开心的，一开始我担心他们会觉得太简单，就把这个方案放在后面了。

还有下面这个有源符号延展，我自己在设计出来时，就觉得是非常适合的，因为 LOGO 设计是这种文字标，如果能搭配一个辅助图形设计，就可以让整体的 VI 设计提升印象。

我们做完这个 LOGO 时，发现“东燃”文字的笔画特点是下面有一排斜条纹，我就很快想到了上图那样的安全警示带，东燃产品就是烧锅炉的，这个符号也可以理解为热能。

最后这个符号应用也受到了客户的一致认可。接下来我们再看一下整体 VI 应用延展的方案吧。

东燃股份
DONGRAN
代用名
东燃
会议室
MEETING ROOM
东燃股份
DONGRAN
清洁能源供热节能减排
项目推介
VIS
CORPORATE BRAND IMAGE VISUAL
IDENTITY SYSTEM

企业 VI 设计切忌惯性思维

什么是惯性思维？

简单地说，就是个人通过自身阅历的积累，而形成的自有认知，通常在做一件事情时，会因以前怎样或者人家是怎样做的形成一种惯性。这在设计思维上是很常见的，不只是众多企业主存在这个思维，包括很多设计师也一样。

比如说到 LOGO 设计，众多企业主的第一惯性思维，就是想要设计一个图形，而且最好是“很有创意或寓意”的那种，他们以为 LOGO 就是图标，图标才是 LOGO。

还有一些设计师说到 LOGO 设计，一方面会被以往的惯性思维所限，比如习惯性第一时间以名称首字母组合设计，另一方面则是容易被客户的“要求”误导。总之有了惯性思维，就很容易为了设计而设计，或者为了创意而创意，这对设计师的成长或者客户企业形象都是不利的。

比如五源设计有个客户叫顺龙装饰，按照惯性思维来看，我们很多设计师或客户，可能第一时间都会想到，直接画个龙来做标志更合理。

可从我的经验与专业角度来看，如果直接画条龙作为 LOGO，可以说创作难度很大，一方面是市面以龙头作为 LOGO 的太多了，可以说类似这样的龙标很常见。

另一方面这种龙标要想注册商标的风险也是非常大的。而如果只是画条龙的话，我认为差异化不大，LOGO 设计的目的不仅需要让人通过联想记住企业的名字，最好还需要让人快速记得企业是做什么的。

因此，我们认为顺龙装饰的 LOGO 设计，不能按照以往的惯性思维去设计，而应该基于企业名称、行业属性以及塑造差异化专属符号定制设计。LOGO 设计是企业 VI 设计的核心基础识别，五源设计的品牌设计方法，就是尽可能地以最简约直观的视觉表现传达企业形象特征。

我们通过研究分析发现，“顺龙”的“顺”字，正好与企业的服务对象“地产楼盘”很搭配。另外，“顺”字也是企业创始人的初始愿景，所以五源设计团队第一时间就决定以这个源点进行有源符号塑造设计。

我们通过将繁体“順”字简约化设计，使其更为形象规范化，同时将上面一横巧妙抽象地融入了龙的识别，这就完美地得到了顺龙专属的企业形象识别。

地产楼盘
企业名称
抽象龙形

顺龙装饰 SHUNLONG

顺龙装饰
SHUNLONG
代用名
专注地产外墙
装饰精品施工

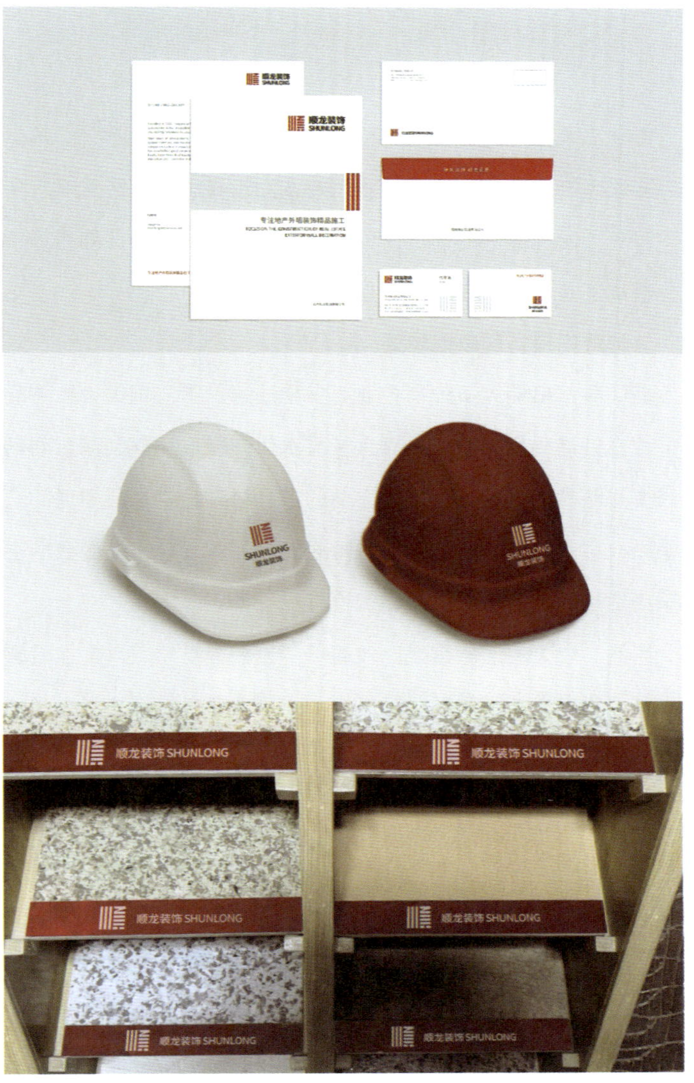
顺龙装饰
SHUNLONG
专注地产外墙装饰精品施工
SHUNLONG
顺龙装饰
SHUNLONG
顺龙装饰
顺龙装饰 SHUNLONG
顺龙装饰 SHUNLONG
顺龙装饰 SHUNLONG
顺龙装饰 SHUNLONG
顺龙装饰 SHUNLONG
顺龙装饰 SHUNLONG

品牌视觉营销五大类

设计界曾流传过一句口号："好设计意味着好生意"。虽然有点夸张或者站不住脚，因为在我们的认知世界里，已经有非常多没有"设计"照样盈利的前例，但是我们换一个角度去仔细想一下，视觉营销还是非常重要的，而且与我们息息相关。

外销转内销，形象很重要

据了解，早期大多外销企业更多是贴牌加工，相关设计与品牌都把控在外商手里，企业只靠大量流水生产赚取小额利润。而当企业转变思路转内销时，显然按之前的产品思维肯定是行不通的。转内销做自主品牌的第一步，要进行必要的品牌设计，就像我们在参加重要活动或者见客户前需要梳妆打扮一番一样。

当然，个人的形象搭配比较简单，也很容易学习，实在没感觉照人家一样穿着就没问题。可是企业或品牌形象就不是学一学就能搞定的，专业的事应该交给专业的人去做。

现代型公司，形象最基础

当用工成本逐渐加大，订单压力越来越大时，企业如何留人、如何消化订单已成为重中之重。因此，近年来制造自动化设备的企业开始暴增。或许是同质化与竞争所致，很多企业意识到了形象的重要性。我们的产品或服务品质是基础，如果再配合规范的形象，自然就能打动更多目标消费者。另一方面，作为一家现代型企业，良好的形象不仅能让产品好卖，让客户信赖，更可以给公司员工有归属感与前行的力量。

品牌类连锁，形象是宝典

据说 20 多年前就开始做生意或开店的基本都赚大发了，因为那时的经济环境还算稳定，行业竞争也不是太大，因此不管做什么行业都有不少机会（竞争小）。自从金融危机之后，首先是外贸出口大受影响，其次影响巨大的就是实体商业。有竞争才会有创新，有竞争才需要注重品牌形象与视觉营销，从而众多新一代品牌得以走进我们的视线。

我印象最深的一个品牌就是“真功夫”，真功夫的发源地就是五源设计所在的全国著名小镇“东莞长安”。本人早在2001年（17岁）时就来到了长安，当时真功夫还只是一个地方餐饮，名字叫“双种子”，那个时候的我还没有接触到“品牌”“设计”这种概念，但确实是那个阶段吃得最贵的快餐（当时外面大众快餐才3元，而双种子需要17元），要知道我当时上班的工资才每月600元左右。直到之后我正式进入设计行业之后，才真正意识到，原来这就是品牌的感觉。

回头看真功夫的发展，从一开始的 168 快餐店，到之后更名为双种子，再到花费重金重新定位策划升级为真功夫，我想这一切的过程，都需要企业领导人的远见与快速的执行力。而在今天各行各业竞争异常激烈的背景下，作为商业连锁类品牌的形象建立可谓如“葵花宝典”般重要。当然，品牌形象只是吸引消费者的第一步，而能否让消费者长久支持或者成为忠实用户，就需要企业团队练好内功以及全方位配合了。

集团化企业，形象得匹配

当企业发展到一定阶段，旗下业务越来越广泛时，就是企业集团化的开始，于是就需要一个能够匹配集团整体实力与品牌价值观的印象识别。

2012 年广东盛乐集团通过互联网找到五源设计，希望将集团公司形象进行升级设计。经了解，盛乐集团始创于 1993 年，是一家以进口原木业务、国际航运、房地产开发等为核心发展的集团公司。集团旗下设有三家子公司：远森贸易有限公司、盛乐房地产投资有限公司、星福国际航运有限公司。经过对企业深入了解后，我们得出解决策略：将企业价值理念视觉化呈现，赋予企业独特个性，全面提升集团形象，建立专业化的独有识别，使集团在行业中树立专属印象。

互联新品牌，形象够吸引

近年来，有一个新名词的使用频率非常高，那就是“互联网思维”，特别是当智能手机全面普及，微博、微信逐渐占据着人们大量时间，意味着真正的“互联”时代开启。在这样的环境下，众多的传统企业与品牌或将面临被颠覆的危险。

作为新互联网时代的品牌形象，最核心的两个字就是“吸引”，而且单品制胜的趋势也越来越明显，因为手机屏幕就那么大，而人们的时间与耐心都是有限的。因此，这个时代的品牌形象特点，首先要简约，其次要有趣，最后得够酷，这样才能吸引大众犀利的眼睛。

综上，我以为，不管环境如何变化，品牌视觉营销的作用都是毋庸置疑的，甚至我们的很多消费行为也将随之被影响。

品牌设计的决策权，设计师应该占几成

写这篇文章的出发点，是看到一位品牌设计界老朋友海哥的博客宣言：做符合商业趋势的设计，做有决策权的股东设计师，不做设计公司，不再浪费时间在周旋客户和修改方案上，像风投一样，找准合适的人，合作高效益的项目。

一眼看到这个内容深有感触，品牌设计公司常在与客户周旋或方案修改上浪费大量时间。如果这种情况不能改变，总是被客户牵着鼻子走的话，很容易令设计师崩溃，以至于对行业失去信心。

一方面，如海哥这样，说干就干，真的敢放弃以往设计公司的合作方式，直接以股东决策人的身份参与项目合作，也是挺令人佩服的。之前也有一些客户提过“有没有兴趣”一起来做？但我可能听到“有没有兴趣”这几个字就不会有兴趣了，因为很多想拉你合作的，无非是短期不想花那么多设计费而已。

另一方面，虽然这种合作方式以后也是可以考虑的，但我想现在还不是时候，目前我还是更喜欢一对一委托项目预付款合作方式，也可以说更显出客户的信任与诚意。坦白地说，设计公司多会遇到一些耗时耗力的项目，五源设计也不例外，不过还算比较少，大部分可以做到初稿提案就一次通过，每年难免会有一两个项目需要经过多次沟通深化、调整才能定稿的情况。

综合分析出现这种情况的原因，主要有三点：

1. 客户没完全理解设计公司的理念；

2. 客户想法多而又描述抽象 / 不清晰；

3. 客户比较在意“大家 / 别人”的看法。

综上三点，我认为最大的问题，还是忽略了设计师的决策权，这也是设计公司经营的难点之一，我们很难做到如医生那样具有权威感，多数客户认为自己出了设计费，就应该要让自己满意。

最怕的还是第二点和第三点，这真的很让人头疼。

曾有一个客户出现这类情况，他们是第二次委托五源设计进行品牌形象 VI 升级设计，按理说应该是比较认可五源设计的方法和理念了，而且第二次升级的方案，早在一年前就已经定稿并支付尾款了。

一年前客户反馈说，要等重新递交商标注册通过了再来落地应用，而我最近查询发现上个月已经正式通过下证了。于是我就特意截屏发给客户决策人，想问问计划什么时间启用新的品牌形象，结果客户的反馈是：大家感觉有点小气！

听到这我就有点晕了，明明是之前我们一致认同才定稿的方案，怎么突然听了“大家”的意见就改变看法了？

我回复说：“关键是你觉得，‘大家’是难以满足的！我是比较期待新版的，相信比旧版更有实效，要采用自己认为正确的方案，而非‘大家’都支持的方案。”

品牌形象升级设计这件事，基本是不能通过民主决定的！

回顾这些年多数知名品牌升级，基本很少有大家都说好的，但这真的不能说明什么，只有企业决策人与设计公司（创作者）才是最清楚是否适合的。

相信你的第一直觉吧。

虽然客户可能还不是很确定，但或许也是被我的真诚所打动吧，后面经过一番沟通，客户终于同意先拿一家新的分店来落地测试。

关于第三点，真的有很多客户特别在意“大家”的看法，每一次的设计方案都喜欢拿给同事或朋友看看“行不行”，以至于非常影响客户的决策力。这让我们设计师又得不断进行“心理辅导”，有时候真会觉得挺心累的，实在受不了的时候，我也会顶回去的（通常是觉得团队百分之百用心了，而没有得到一点肯定时）。

在我的合作认知里，我认为客户不应该是“上帝”，设计师当然也不是下属关系，而应该是战略伙伴或“品牌医生”，既然选择，就应该相信。那么，品牌设计的决策权，设计师应该占几成？

2015 年我写过一篇文章《关于“客户满意”的 325 原则》。当时的看法是：

商业好设计＝ 30% 客户满意 +20% 设计师满意 +50% 客户的客户更满意

今天来看，我觉得应该调整为 541 原则：

品牌设计决策权 =50% 设计师认可 +40% 客户满意 +10% 其他参考

如果要投票决定的话，我认为设计师的决策权和客户的决策权应该占大部分，其他人员的只能占最小比例，或者完全忽略不计，这样才符合商业策略原则。

为何设计师的决策权占比要比客户还要多一些？因为在设计公司的评判标准里，一定不是个人主观因素，而是结合了企业品牌源点、设计审美以及消费者认知三大层面，客户决策权占比 40% 是因为决策人是最了解企业产品以及行业的。

为什么其他人的票数只给 10%？由于他们的意见，更多只是个人主观喜欢或者不喜欢，这样的意见完全是可以忽略不计的。真正的消费者，其实自己也说不清楚怎样才是好设计，他们只会在实际购买体验中，形成自己的认知，而这种印象更多应该是设计师预先塑造，只要过了设计师与企业决策人的双重把关，相信多数目标消费者也会喜欢的。

洞察趋势比以往案例更重要

品牌设计完全可以说是一个多学科融合的专业，也是学习不止、空间无限、未知常在的行业，这正是我选择与热爱这行的核心源点，因为热爱，所以心往。

五源设计团队文化一直有一个信念：每天进步一点点！

每一次新项目接手都必须认真、负责、用心对待！同时每一次新项目都希望有所创新。这些当然不是坐井观天就能做到，作为具备全局思维的设计师，首先要博览专业知识，更重要的还得不断拓宽视野、洞察趋势。

都说设计来源于生活，对于我来说，设计就是生活，生活就是一次次洞察与探索之旅，恰恰正是这些点滴的积累，让我们在每一次的品牌设计委托项目中，都能快速找到精准有效的解决方案。

很多新客户第一次来咨询，喜欢问品牌设计公司是否做过同行业案例，而我在以往的文章中已多次强调“不建议以此来评价设计公司的资历”。虽然这是一种保守或者是更保险的决策方式，但我始终相信洞察趋势比以往案例更能保障品牌设计项目的全新可能性。

这也就不难理解为什么前期沟通时，我更希望从趋势洞察角度来阐述最新观点，而不太想拿出以往的案例来，不然反而被局限，或者说我们以往的案例，已经不能代表当今的专业水平。因为以往的案例那是给其他客户定制的解决方案，我们在不了解对方企业定位与现状的情况下，很容易进入个人自我主观评判的思维里，要么喜欢，要么不喜欢，但这都与我们本次咨询没多大关系。

其实，我更期待能多深入地去探讨企业当前的需求以及问题所在，以及是否可以在趋势洞察中找到共鸣之处，直到达成共识（合作），再通过团队的正常作业流程为企业塑造专属的品牌设计定制方案。

心往矣，无所不及！

第五章

体验传播（互动体验）

看起来像一个品牌，也是一种“信任状”

说到品牌，很多企业老板可能认为离自己太远，以为只要产品好不愁没有客户，只要服务好口碑自然好，觉得自己是给人做加工或者开个小店有没有品牌不重要。

其实这完全是人们固有的认知，产品好、服务好当然是基础，问题是现如今谁家的产品、服务敢不好呢？

给人做加工或者开个小店也一样，大家的产品、服务都不差，那么必定同质化，靠什么来吸引客户选择我们呢？

多数人的做法是：同样的质量我们价格最低，同样的价格我们质量最好！可是别忘了，价格只有更低，没有最低，靠拼价格取胜的公司可能短期没问题，长期来说一定是会越来越难做的。

现在做实体的各行各业，据说利润空间都在不断缩减，原因很多，比如原材料价格上涨、人工成本上涨、租金上涨等，可销售价格不仅涨不起来，还因为同行压价而不得不跟着往下降。

之前听到有位五源设计的合作客户说，同样一个产品以前卖一个可能有 10 元的利润，到现在可能只有 1 元不到。而发现一些同行有自己品牌的，价格卖得比他们高，反而人家还卖得更好，这时客户才意识到品牌的重要性。

我们都知道，创一个品牌肯定没那么简单，需要一点一滴积累，但是我们先能做到像一个品牌，也是成为品牌的一个过程。

看起来像一个品牌，也是一种“信任状”！

现在的客户群体可以说是越来越年轻化了，他们不再迷信老品牌，也不只关注产品和价格，还要看整体的感官体验，也就是只选择自己感觉好的。

这也是为什么这几年开始，越来越多的老品牌都开始升级品牌形象，品牌年轻化设计已经是一个趋势。对于企业创建新品牌来说，也应该是要遵循这个趋势的，这也是五源设计的理念方向。我希望助力中小企业在一开始也能建立好自己的优势品牌形象，也就是必须要做到“看起来像一个品牌”，这一点我在10年前就这样做了，也通过数百个实战案例证明，这个做法是切实有效的。

另外，五源设计自身也通过不断持续塑造自己的品牌，而逐步有效地提升了服务的价值，五源设计从一开始就是一家抵制走量、拒绝流水线作业的品牌设计公司。我想唯有如此，自己先说到做到，才可能真正帮助客户打造品牌、提升价值，从而五源设计也可能逐渐成为广大客户眼中的首选品牌。

到底什么是大气的设计

“大气”在设计界可谓是反复出现的一个关键词，通常来自甲方企业主对于设计作品的“要求”或者“评价”。而究竟什么是大气，一般甲方企业主自己也描述不清，设计师听到这个词更是一头雾水，搞不清头绪。那么，我们就来分析分析，到底什么才是大气的设计。

本人从事品牌策划设计十多年，“大气”一词听多了之后，近年来慢慢对其有了一些自己的理解。

第一，大气是有寓意、有创意、不简单？

如果一个LOGO设计看起来过于简单，甚至简单到甲方以为他家小孩都能画出来的话，很显然他是不会同意的。

这也是为什么我们经常看到很多征集类设计，看着LOGO不咋的，可是释义可谓大显神通，讲得头头是道，什么寓意企业飞黄腾达等，很多传统企业家（特别是单位领导）最喜欢听这些所谓的寓意解释了，在他们看来，这样有内涵的设计才叫大气。

我的建议：寓意虽好，可不要贪多哦！对于品牌LOGO识别设计来说，并非寓意越多越好，重点还是要保证简约、直观、好看，有的时候寓意越多，最终导致的结果就是复杂丑陋，那样的话，消费者看不懂，也不可能有什么好印象。真正好的设计根本不需要解释，一看就明白是什么意思。

第二，大气是LOGO字体大一些、显眼一些？

这一点也是创业者非常关注的，这也是我们在大街上看到的众多招牌、广告都是一个比一个字大，一个比一个内容多的原因。所以很多老板都不太理解为什么要留白，他们觉得到处都是广告曝光机会，怎么能随便浪费呢。

我的建议：有一句古话说“不争，乃大争”。当大家都争大的时候，你小一点反而就跳出来了；当大家的招牌都打满大字的时候，你的招牌减少些文字，多一点留白，反而就凸显了。所谓留白，其实就是给受众一种更好的感观体验，给人们接收信息时一点呼吸的空间。真正的大气，其实就是有所舍弃，有舍才会有得，一样的道理。

第三，大气是看起来高端、大牌的感觉？

很多创业者在咨询设计公司时，开始会说：“我们小公司刚起步，要求也不是很高，费用能否优惠些呢？”可最终确定合作后，在审视设计方案时，依然还是想要做得高端一些，甚至还会拿一些大牌进行对比，可能那样会感觉花费得更值一些。

我的建议：对于中小成长型企业来说，品牌设计的核心，首先要考虑的是这个设计是否符合企业与产品的定位。

如果你一开始的定位就是高端人群，那么设计要体现出这种高端的感觉是没错，而如果只是中端或者更低的受众定位，那么设计的重点应该是如何在业内凸显差异化，如何塑造出自己专属的符号识别印象，不要为了追求高端而忽视了做自己。

作为甲方企业家，应该如何跟设计师沟通？

对于“大气”一词，每个人都会有自己不同的理解，因此，你在跟设计师沟通时，建议不要只是以“不够大气”这样的语词来反馈，那样他们会很无助的。或许你可以直接把具体的想法提出来，正如我上面提到的三点，是不够有寓意呢，还是线条太细、色彩太深？还是什么具体的原因，或者找一些你认为大气的作品发给设计师，这才是真正有效的设计融合沟通。

怎样才算是一个专业负责的设计师？

首先是多做引导，不能太片面地去理解客户的意思，或者没想明白就去闷头做新的方案，应该多跟客户沟通，明确具体的问题，以达到最终的共融。

当然，很多时候设计师也需要站在客户的角度，设身处地地为客户考虑，说清楚缘由，这样说不定客户也能更好地接受你的推荐方案了。

无论如何，我相信甲方和设计师都希望做出双方都认为大气的设计。其实没有做不好的设计，只有沟通不到位的问题！相互理解，坦诚沟通，就好！

设计与做菜

一位新客户说：“以前的公司 LOGO 都是自己设计的，开始看也还好，慢慢看来还是不规范，现在觉得还是要找专业的人来做更省心！”

有些弯路不是不能走，而是要看有没有必要去走。

自己设计你可能只是看到一个点，而专业设计要考虑的肯定是面，而且不止一面。

这让我想起了做菜，我们多数人都会做菜，而且不少人厨艺还不错，可多数情况下，出品与感觉还是很难媲美专业的餐厅菜品，即使看起来、吃起来差不多，但也达不到人家那种整体的专业性。

如果我们只是开个小公司（做点小生意），自己又懂点设计，自己操个刀或者简单找人弄一下也挺好，正如我们自己在家做饭宴请亲朋好友一样，追求的更多是一种简单、亲切感。

换个角度，如果我们想要创建（积累）自己的品牌，或者想要和知名或优秀的同行品牌竞争，那么肯定就不是自己操刀就能解决的。

前面讲到自己设计更多是只看到一个点，也就是人们比较关注 LOGO 的创意点（有哪些寓意），而忽略了整体的品牌体验感，甚至忽略了基本的美感。

而对于系统规范的企业形象 VI 设计，重点基于顾客体验的整体识别系统导入设计，以及品牌专属的有源符号塑造，从而更有效地降低认知与传达成本。

做菜，我不一定是专业的，经营企业我也不一定是专业的，但品牌形象体验设计，相信五源设计团队的专业，是一定可以帮到企业的。

一次做对，少走弯路，就是专业！

为什么五源设计的品牌设计方案总能一次过稿

经常有客户问："要是出来的方案不满意怎么办？"

也常有设计同行问："如何提高设计过稿率？"

首先，我能理解很多客户为什么会有如此的顾虑，因为行业设计师群体杂而多，各种设计水平（经验）肯定参差不齐，所以一开始选对适合的设计公司，就显得至关重要。

站在设计同行的角度来看，其实设计师更希望设计方案能够一次通过，因为时间就是品牌设计公司最大的成本。五源设计是一家小而美的精干设计团队，为了提升工作效率以及提高客户满意率，一直保持不断学习、思考以及总结创新，经过多年的实战摸索，我们近年所服务的项目一次过稿率达到了 90% 以上。

那么，为什么五源设计的品牌设计方案总能一次过稿呢？

我总结了三大重要环节：前期沟通 + 过程把控 + 体系支持。

前期沟通是双方相互了解的核心基础，也是确立创作方向的源点。我分析过早期定稿慢的原因，多数是前期沟通不深入，比如客户忙、老板没空，然后交由下属或者助理来对接，这就会导致方向不清晰、没办法深入了解。所以前期我们希望与决策人直接沟通，这样才能了解企业的真实需求，客户也能对五源设计的方法体系更清楚。

另外，五源设计还有一套原创设计的品牌设计沟通问卷系统，客户只要在手机上就可以完成我们设计的沟通问卷，这也是配合沟通的特别工具。

过程把控是让设计师少走弯路、提升效率的必要环节。团队设计师在创作过程中会从多方面去尝试设计，但不一定所有方案都适合，很多时候并不是方向不对，可能只是表现形式或者一些细节考虑不周，又或者是项目本身的一些基础限制导致方向感不清晰。这个时候，团队的价值就完全体现出来了，因为个人设计师的角度相对都是有所限制的，但是团队一起来看、一起来讨论，这样的成果就完全不一样。不过，这个过程，我作为品牌设计总监的引导以及细节把控也是非常重要的，通常一个作品行不行，我主要从三个方面考虑：第一，是否符合有源符号方法标准；第二，是否适合客户的长远发展以及实效落地；第三，是否符合客户的需求，实际的消费者是否认可。

方法体系支持就如行动地图，只有方向感清晰才能更快到达目的地。2017 年 5 月，五源设计全新方法概论“品牌有源”正式亮相！这套方法的核心，是明确了“品牌定位 + 有源符号 + 口号话语 + 形象包装 + 体验传播”这五个维度的目标，助力企业 / 品牌塑造专属的有源符号，以达到强化品牌营销之目的。

自从熟悉了这套明确的方法体系后，五源设计团队在品牌设计创作上就有了明确的方向和目标，经过多个实操项目的验证，我们实现了“一个方案一次过稿”的有源方法。

前面三点不是单一的存在，而是相互依存与融合的过程，也是需要在项目合作中，甲乙双方的价值观、方向感确保一致，更离不开甲方决策者的百分之百的信任！如果以上都通了，客户也信任了，那么我们的设计方案一次定稿的可能性就可以达到 95% 以上，剩下的就是细节深化。下面这个案例，是二次合作客户，我们的方法客户也都了解与认同，客户的需求我们也很清楚，因此，我们只提了一套方案，就直接定稿了。

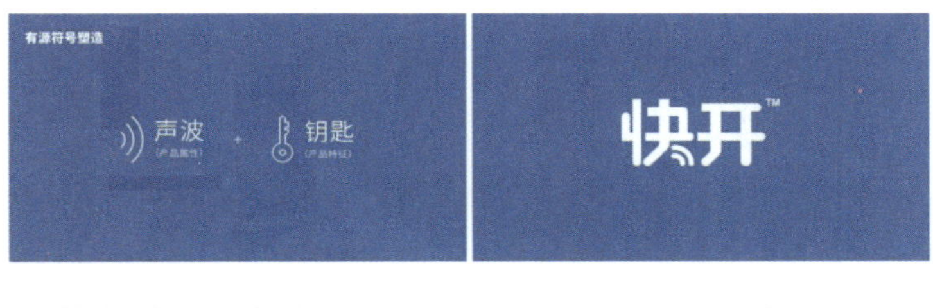
有源符号塑造
声波
钥匙
快开™

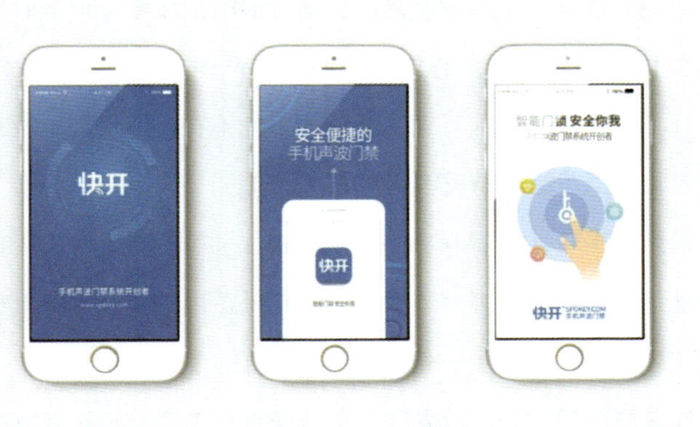
快开
手机声波门禁系统开创者
安全便捷的
手机声波门禁
快开
智能门禁 安全你我
快开 SPDKEY.COM
手机声波门禁

快开
安全便捷的手机声波门禁
快开™
机声波门禁系统开创者
www.spdkey.com

有一种改变叫作被同行逼的

有朋友问我：对中小企业个体而言，到底是什么样的触动或者初衷，让老板觉得要去改变一下自己的企业形象呢？

我在心底第一个感觉就是：被同行逼的！没错，很多时候我们真的应该要感谢同行，感谢竞争！现在谁还能说哪个行业没有竞争？我们所从事的任何行业，竞争都无处不在。但反观，没有竞争就没有需求，没有竞争就没有成长。

说到企业形象、品牌设计、VI 设计、广告设计等，从我多年的从业经验以及生活观察来看，多数老板在决定提升品牌形象或者升级广告形象时，往往一开始都不是自己的意愿。

很多情况是因为同行先改变了，同行先走了一步，同行的优势更明显了，于是自己也不得不考虑去改变。“因为别人做了，所以我也要做，别人这样做，我也一样整。”这一点最明显的例子，就是传统开店的，因为没有经验，只能照着人家的做。在国内如果问老板什么颜色最显眼，答案肯定是：红底黄字。其实也没错，可是你这样做，我也这样整，他也这样干，当周围所有的店都是红底黄字的招牌时，还会那么显眼吗？

这个时候，如果我们在这中间开一家不一样的店，其实只要稍微注意一点，比如换成黄底黑字、白底红字，自然很快就能脱颖而出！就是说我们店面招牌的用色，要根据周边店面的情况来决定。

还有一种更高级的做法是，同样的色系，不一样的设计！

2013 年五源设计服务了一家定位做品牌宵夜的连锁店，他们的目标是开在人流密集的宵夜（大排档）一条街，引入团队、品牌经营模式，并委托五源设计进行了整体品牌形象 VI 定制设计。

同样我们也采用了红色系，只是我们将 LOGO、字体等整体视觉都做了特别的定制设计，再配合超亮的灯光设计、场景布置，完全摆脱了传统的大排档（脏乱差）认知。

如今他们已经开设了近 10 家直营店，且所到之处可以说都是整条街人气最旺、生意最好的店。过了一段时间，有一次我们去最初那家升级店聚餐时，我发现周围的招牌都开始模仿他们了。

周围基本变成一致的招牌风格，但显然他们还是在附近找的广告店，按自己的想法照着去做，可以说整体没有任何特别的设计，虽然风格近似，但是经过五源设计定制过的设计，不是一般的广告店想模仿就能模仿的，对比起来感觉差很多。

当然，品牌升级的前提是：你的模式 OK、产品 OK、服务 OK……如果这些基础都不扎实，品牌形象设计再好也帮不了你。如果基础够好，连续开了两三家店生意都不错，那么，你就可以考虑来改变一下品牌形象了。跟随别人，不如让别人来跟随你！

企业 VI 设计必须了解的三大“坑”

我在多年的从业过程中，发现很多企业虽然知道要做好 VI 设计，但对于 VI 设计应该怎样落实总存在一些误区，甚至容易掉“坑”里。

误区一：以为 VI 设计公司团队人越多越好

不少企业咨询 VI 设计时，一上来就问：“你们公司有多少人？”其实，优秀企业 VI 设计与设计公司人数没有太直接的关系，一些知名的设计公司宣称团队有几百人，为了养活这么多人必须天天全国各地推广告，据说一年单广告费就投入上千万元，这些费用都得“羊毛出在羊身上”，如果公司人多，设计费肯定不会很便宜。

另外，表面上看他们人数多，业务数量也很多，可分到每个设计师手上，一个项目可能也就一两个设计师负责。如果你是中小企业（设计费较低），那么很可能直接交给实习生去做了。也就是说人多的 VI 设计公司，在出品方面可能就是一个劣势，因为人多事情更多，基本很难做细。

五源设计一直定位的是小而美的品牌 VI 设计公司，我们每个月仅接少量设计项目，且每个项目都由品牌总监亲自带队，再由精干团队协力完成，时间充裕，相信更能保障品质。

误区二：以为 VI 应用项目越多越详细越好

很多企业上来就说要做一整套，VI 项目清单一选就上百项，也不管企业实际用不用得上，或者说现在用不上，以后应该要用到，反正就感觉是搞批发似的。

五源设计多年来始终站在专业的角度，为企业客户提供实效、适用的企业 VI 设计服务，如果客户选择五源设计团队，我们都会从企业实际需要定制专属的企业 VI 设计解决方案。

误区三：以为只要把 VI 手册做漂亮就可以了

五源设计早期给一些企业做了 VI 设计方案，并交付了系统规范的 VI 手册，后来发现很多项目都没有落地执行，只是把名片印出来了，其他的都还没有更新，接着有客户或者朋友过来就把 VI 手册拿出来翻一翻，然后就没有然后了。

VI 手册设计得再漂亮，都只是一本说明书而已，如果每个体验环节不去认真落地与执行，那么消费者也感受不到直观的体验价值。很多事情都是如此，有用就是有用，没用自然就没用。

企业形象建立与 VI 设计导入是一个系统的工作，前期需要找对设计公司，后期更需要企业配合完全执行。了解以上三大误区后，就离优秀企业 VI 设计更近了。

全套企业 VI 设计怎么收费

“全套企业 VI 设计怎么收费？”这是一个网络搜索热词，也是我们在新客户咨询中经常被问到的一个问题。首先说明一下，我今天不是来告诉大家我们做全套企业 VI 设计是怎么收费的，因为这个问题其实本身是一个大问题，也是比较难直接回答的问题。

为什么这么说呢？

据我的经验，有此类问题需求的多是成长型企业，它们大多不了解企业 VI 设计是咋回事，或者听人建议有必要找专业的公司做 VI 设计，但又不清楚行情，以为 VI 设计项目做得越多就越专业，所以一上来就想做全套。而全套企业 VI 设计其实是没有明确标准的，按网络上流传的通用企业 VI 设计清单来看，加起来有两三百项，如果是那些大型的企业甚至项目还会更多。

最近就有个企业来咨询，对方应该是企业行政或市场人员，因为公司领导下发任务，说要同时找三家 VI 设计公司来对比。通过沟通我就发现不少的问题。

我收到这个项目清单的第一感觉是，对方完全不了解什么是VI设计，所以按他提供的清单是不好报价的，准确地说也是不负责任的。因此，我建议先通过五源品牌设计的网站及案例多了解一下，如果有意向合作，可以先进行深入的沟通，最好能争取与决策人直接对话，这样五源设计才可以针对企业实际情况进行项目定制与策略建议。

说到这里，我先分享一些基本的常识。

对于企业VI设计来说，肯定不是项目越多越好的，网上流传的那些企业VI项目清单，多数还是十多年前不知道是什么公司制定出来的，可以说已经过时了。而且全套VI设计是针对市场大多数企业通用的，并不是全部实用，正确的做法是根据企业的情况进行选择，甚至不一定要按清单上的项目，而根据企业的应用环境来自定义更好。

自2008年网站www.F5VI.com上线以来，我们的VI项目清单都是根据成长型企业的情况进行特别定制设计的，我想也只有这样才能真正帮助企业塑造更规范、实效的品牌形象，而不是为了设计而设计（为了做一本漂亮的VI手册，最后落地又用不上，或者根本没去执行），那样做这个全套的VI设计就没有任何意义。

所以，如果你的企业想要进行企业VI升级，就不要再以“企业VI设计全套怎么收费”这样的提问开始了，不如先去学习及了解一下，厘清为什么要做VI设计、企业目前具体有哪些需求，也可以先听听品牌设计公司给你的建议。

企业 VI 设计是品牌形象塑造的重要环节，也是有效提升企业价值的基础力点，这么重要的工作，如果就交给下面的人随便去找三家公司来对比项目和报价，真是挺危险也挺伤财的。

重要的事情说三遍：

企业 VI 设计，老板亲自来沟通！

企业 VI 设计，老板亲自来沟通！！

企业 VI 设计，老板亲自来沟通！！！

现代企业为什么愿意花高价来做一套 VI 设计

了解、接触或咨询过 VI 设计的人，应该都知道 VI 设计的市场报价是非常杂乱的，对于企业 VI 设计来说，如果要比价格的话，基本只有更低，没有最低！

不过我发现如今的企业，已经明显意识到不能只为节省而设计了，还得找到更适合实效的 VI 设计公司。

我曾接到一家东莞本地的企业咨询，对方负责人明确说明不会选择价格最低的设计公司，我想这肯定是一家懂行的企业。

那么，现代企业为什么愿意花高价来做一套 VI 设计？

最大的原因可能是企业发展迅速，为了塑造更规范、更有气质的品牌形象，或者是拟上市企业，或者是准备新迁厂房、写字楼，还有企业集团化战略重组，等等。有人会说，你这些都是有实力的大企业，其实也不一定，我今天就说个中小成长型企业的例子。

为了保护客人的商业秘密，我这里就不透露是哪个企业了，这里我们称之为 A 伙伴。这是一家传统的工业配件产销企业，起初一直都有做自主品牌，前些年发展也挺快，加上网络营销做得好，业绩相对还不错，但是早期的企业形象、VI 设计都是内部人员设计的。

然而，近两年发现市场竞争越来越大，不仅出现了很多同质化低价竞争，还出现了两三个国际性的优势品牌，虽然国外品牌的价格比他们还贵几倍，但是卖得却更好。

这是为什么呢？

第一，人家的产品设计和品质，拿出来一对比就感觉很不一样，一看就是好东西。

第二，人家的品牌形象 VI 设计执行也是一级棒，且气质符号应用都非常鲜明。

第三，有了好的产品基础加上匹配的 VI 形象，人家自然口碑也不会差。

其实 A 伙伴两年前就咨询过五源设计关于 VI 设计升级的情况，但那时他们觉得设计费用超预算了，后面就一直没有做升级。直到近年来竞争形势的不断恶化，A 伙伴为了长远的规划，在 2018 年初决定找五源设计团队进行一次全新命名的高端品牌 VI 设计，希望未来能赢得新的市场空间。

当然，这一次五源的 VI 设计费用报价相比两年前又涨了一些。还好 A 伙伴两年来一直有关注我的朋友圈，应该说见证了五源设计的不断成长，同时今天也更明确了未来的发展方向，也做好了长远的打算，相比他们的高端品牌定位以及未来的价值提升，这点基础费用也是必要的基本投资，因为企业之前走了弯路，终于明白专业的事还是得交给专业的人，钱花出去才能更好地赚回来！

相比专业 VI 设计领域，我们的报价还只是一个起步的报价。就在最近半年来，通过全国设计圈内密切的深度交流，已经不止一位同行建议五源设计的报价还可以再高一些。

当然，我内心也很清楚，涨价一定不是主要目的，使团队不断成长才是核心。一些之前咨询过当时没有决定合作的，过一年再找过来发现设计费又涨了，这是很正常的现象，因为五源设计团队在持续优化品牌有源作业方法和大力提升策划设计水准。

为何请明星代言不如自己代言

可能我们每个人心底都有个“明星梦”！

但凡我们见到明星或许都会有“哇哦”眼前一亮的感觉，这也是很多品牌都喜欢请明星代言的原因。比如以前每年春晚捧出了哪个明星，某个电影电视剧火了谁等，用不了多久，这些明星就会出现在一些品牌的广告上。

如果是大企业，想请谁代言都有实力。可是经常见到一些中小型企业、初创型品牌，也学着请一些所谓的明星来代言，这样的话，即使一般的小明星也得几十万甚至上百万元一年。而如果只是请了个代言，企业的定位、产品、形象以及落地体验又做得一般般的话，我感觉这个风险也是挺大的。因为这样的结果更多只是站在营销的角度，消费者可能会暂时性地选择你，长期来说又很快会把你忘记。

我们看脑白金早期广告片里的人物，并不是我们熟悉的明星，而是用了跟他们的目标消费群体相近的老人家夫妻形象，到后来转变为卡通形象也都是一样的思路。

从这个角度来说，企业花那几十万甚至上百万元请明星的费用，不如直接花在产品研发，以及品牌 VI 设计、包装形象、落地体验设计上。如果非要有个代言人的话，也可以类似脑白金这样针对消费人群特征，并由策划设计公司配合自己拍摄，或者直接设计个卡通形象作为代言也是非常好的选择，当然也得看是什么行业、什么情况而定。

再从另外一个角度，其实对于成长型企业来说，创始人就是最佳代言人，我们的众多客户在很多情况下是先认可创始人，再认可公司，最终达到合作的。

从品牌的角度来说，将我们的品牌进行人格化塑造，也是品牌公关的有效方式之一。比如在我们的印象中，每说到一个企业，或者知名的品牌，我们都会想到一个人，那就是这个企业的创始人，是自己品牌最好的代言人。

较早提出“我为自己代言”的广告，就不得不提到聚美优品的创始人陈欧，一位 80 后企业家。就在 2012 年微博盛行时代，聚美优品特别推出的“我为自己代言”的视频，很快就引起了新闻热议，网友们疯狂地转发。

当然，如果想以自身形象为企业或品牌代言的话，形象方面可以由设计公司配合为你进行策划塑造，可要想让自己真正成为一个成功的个人品牌，也是需要自己从各方面长期进行塑造的，包括演讲口才、沟通艺术、文字表达等都要有配套的基本能力。

但这些能力也并非短时间内能够快速形成，比如对于我本人来说，演讲口才、沟通艺术、文案写作都是偏弱项的，但我作为五源设计的创始人，也是作为公司的代言人，这些能力我也在不断突破与改变。

最直接的，以前我写一篇文章可能至少得两三个小时，但通过这几年的锻炼与学习，写了上百篇文章之后，我现在写一篇文章快的话只要 30 分钟左右。有些事情，只要去做了，就会有收获，如果你也想为自己的企业代言，也想逐步打造自己的个人品牌，那就抓紧去行动吧！

品牌设计识别色彩选择之三个原则

品牌设计的重心，就是塑造独特专属的有源符号，在品牌形象系统中，色彩也是重要的符号识别之一。

很多传统企业主或者初级设计师，在企业品牌设计识别色彩的选择上，往往都找不清方向，要么直接参考同行，要么按照自己的个人喜好进行选择。

显然，这样对于品牌来说可能会存在一些问题，或者不符合品牌的第一源点传达。

我将公司的部分案例，以彩虹色进行重新梳理，这样是否显得我们五源设计团队是不偏科的呢？各行各业基本什么色都有用到，当然从色彩细节来说，肯定还有更多细分色系，但以我的从业经验来看，在品牌设计识别色彩中，使用频率最多的就是：彩虹色+黑白金灰。

接下来，我分享一下个人理解的品牌设计识别色彩选择之三个原则。

首要考虑行业属性和同行差异化

最经典的例子，比如可口可乐是红色，百事可乐就用“蓝+红”，两个品牌都完美地表现了各自的专属符号与识别个性。

再看看名字文化更适合什么色

这让我想到了海尔，早期的海尔品牌识别色是洋红色，最近几年重新升级为蓝色。相比来说蓝色才是海尔的有源符号，因为海的印象符号就是蓝色，而且海尔第一代的标志色彩就是蓝色。

五源设计早期的识别色为绿色，后来改为天蓝色，也是从名字以及我本人性格角度考虑，觉得还是蓝色更适合。

最后还要研究色彩传承及趋势性

一些企业已经营了十多年，商标也注册使用了好些年，正常情况下没有其他原因，我一般都建议传承原有识别色系，以确保顾客传达的一致认知。

当然，也可以参考前两个原则重新诊断一下，以及根据当前市场趋势，看看是否有必要重新考量与升级规范，比如真功夫、麦当劳、肯德基等餐饮连锁，近年来的品牌识别色彩都有了新的变化，由“红＋黄”升级为“黑＋黄”或“灰＋红”。

总之，五源设计团队在品牌设计的每一个环节，都会先切身了解企业现状，再结合企业决策人的愿景，最后站在企业长远发展的角度，给出更合理、更实效的品牌设计解决方案。

以下为五源设计的部分案例作品展现：

中国红　　活力橙　　温暖黄　　自然绿

质感青　　阳光蓝　　优雅紫　　高端黑

最后一句话：

没有不好的色彩，只有不对的搭配！

没有不好的符号，只有不对的设计！

免费的广告，如何更好利用

说到免费的广告，可能有很多种，但不得不提到车身广告。因为现在很多企业或品牌，都有不少车辆在外面跑。

如果一点标志都不打，岂不是太浪费？

如果要打广告，如何更好地利用呢？

我个人从事品牌形象设计多年，很多有关品牌与识别设计的经验，都是从现实生活中亲身体验而来，所以我更推崇务实落地的品牌形象定制。就车体广告设计来说，印象与识别都是很重要的，光显眼肯定不够，光追求好看、国际感也不行。下面这几个案例照片，都是近期我在生活中用手机顺手拍下来的。当然每次拍的时候，我都会去思考，有哪些可以学习，有哪些不足需要改进。

第一眼看到这类车时，有眼前一亮的感觉，因为红色够显眼，第二感觉这 LOGO 好像挺熟悉的，但是居然没有中文名，以前没实际见过这类车，这边也没见过有他们的店。看车身有一个摩托车的图片，才知道应该是摩托车品牌，侧面也没有品牌的中文名，只

有一个 4S 店的地址和服务电话。

经过查找资料，我知道了这个品牌的中文名，杜卡迪。它成立于 1926 年，由创始人 Antonio Cavalieri Ducati 成立，是一家意大利摩托车生产商，总部位于意大利博洛尼亚。其产品由于卓越的性能以及意大利特色的设计而闻名。

个人点评：整体设计应用都挺好，唯一不足的是，少了一个辅助的品牌中文名，关注过他们的人或者年轻人可能会认识，但毕竟还有很多潜在客户是不认识的。全部搞成英文名，看起来好像挺有国际范儿的，但是再有范儿你得让人记得你是谁，何况这类车街上到处跑，多好的免费广告，别浪费了。

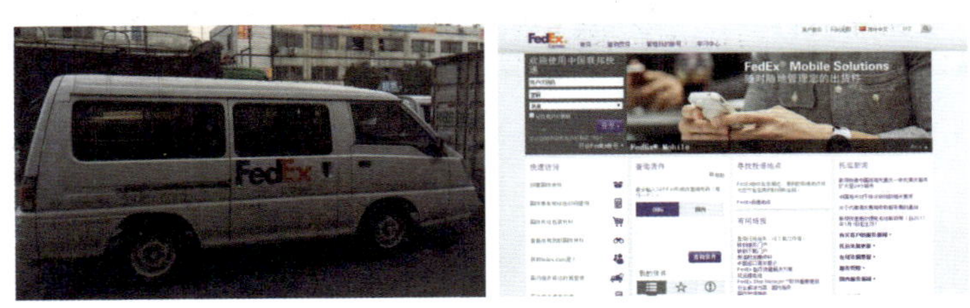

我们再看联邦快递的车体广告，除了FedEx这个LOGO，人家在LOGO左下方还加上了“联邦快递”的中文名称。这一点我觉得是非常重要的，因为中国人的习惯就是记中文，你只弄个英文名，或许多数人认识，但如果让他传达给其他人就不知道怎么传达了。

联邦快递（FedEx）是一家国际性速递集团，提供隔夜快递、地面快递、重型货物运送、文件复印及物流服务，总部设于美国田纳西州。

个人点评：联邦快递的车身广告整体应用简约、国际且品质感强，重点的是执行成本肯定比上面的杜卡迪要节省很多费用。虽然从照片上看很不显眼，但大家要知道，这是在手机上看，屏幕就那么点儿大，实际环境看的效果还是很显眼、很有质感的，与其官网的品牌风格也是一致的。

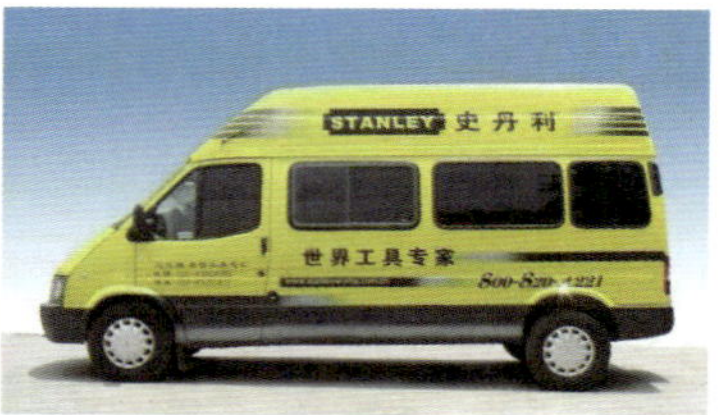

我们再看这个案例，车身通体黄色，大老远看也是蛮显眼的，即使在晚上，LOGO 字体采用黑色，内容主要是中英文结合，还加上了行业定位标语。应该说这个设计实用性还是挺强的，起码广告目的达到了，一看就知道是做什么的。

得伟（DeWALT）是史丹利百得公司旗下旗舰品牌之一，也是全球专业级电动工具品牌之一。近百年来，得伟已经在耐用工业机械的设计、工艺和制造领域享有盛名。

个人点评：整体应用效果还行，不过 LOGO 及字体的搭配应用有些单调了，每一面的 LOGO 都是一样的组合，看多了就会视觉疲劳。从整体视觉效果及应用成本来看，还是联邦快递的车更完美。

下面这个案例是五源设计为浙江舟山一个做便利店连锁的客户设计的。我的设计理念是：既要保障识别性与整体品质感，也要让人一眼就看得出是做什么的。当然，品牌形象的识别设计，肯定不是单单设计某个广告、某个物料就行了，而是需要从整体形象出发，从品牌策略、LOGO 及 VI 设计进行系统化规范，以上这些案例都是这样做的。

本文只是从车身广告这一个点，来说明品牌形象在体验过程中的重要性。不管怎样，一定要记得一点：一切的设计，都是为了给受众一个更美好的体验；广告，只是顺带的事情。

中小微企业怎样做好短视频营销

最近经常有“源友”跟我反馈说：“你的视频号做得挺不错的啊，打开视频号就是你的视频。”

之前也经常有朋友来问我怎么做视频号，或者做视频号有没有什么注意事项。针对这个话题，我还在一个社群做了个简单地分享，大家反馈也还可以。

作为大批中小微企业之一，我们到底应该怎样做好短视频营销？

首先我先讲一下，为什么中小微企业也要重视短视频营销。

最核心的原理是：**人在哪里，机会就在哪里！**

特别是2020年由于新冠肺炎疫情，大量企业受到了影响，所以大批人开始尝试线上短视频营销。

我从2020年2月初刚开工就开始尝试了直播，再加上2019年已经提前一年做了短视频，也算是积累了一些经验，在这个过程中收获了蛮多新知识，也结交了很多客户。

看我的微信好友添加记录，每天平均都有两三个业务咨询，大部分来自短视频推广，这是比较直观的效果。

另外，现在微信又推出了视频号，我觉得机会潜力也是非常大的，毕竟微信作为拥有十几亿活跃用户，如果在接下来的5G时代普及之前，我们就能做好充分的准备，我想一定会有很多新的可能。

在分享具体细节之前，还是要先消除一些基本的误解：

误解 1：平常工作太忙，没时间做。

误解 2：没有专人或团队配合。

误解 3：没有专业的设备，自己又不会讲。

其实以上都不是什么问题，重点是你要从心态上去改变。拿我自己来说，我是从2018年底正式开始做短视频的，刚开始也是问题较多。比如最大的问题是，打开手机镜头就开始特别紧张，然后几十个字的台词都记不住，一个视频录很多遍还录得不太好。

不过一年之后的我变化有多大呢？我个人觉得还是非常大的，起码现在可以做到随时拿起手机就直播、分享观点。

我现在每次录短视频是很容易的，经常是利用中午休息的时间花个 10~30 分钟就可以录制三个视频，下班后晚上在家里用手机 App 花 5 分钟左右剪辑一个视频，然后同步发布到抖音和视频号，这样三天的视频就分三次剪辑，比较简单易执行。

所以，要做好短视频，应该从以下 10 点去执行：

1. 完成比完美重要一百倍。刚开始做视频肯定会有很多不足，你只要坚持去做，不断改进就好，我就是通过拍了 100 多个视频之后才变得越来越自然和熟练的。

2.先关注10~30个和你的产品或服务相关联的同行，你看他们点赞量高的作品是怎么做的，然后尝试着自己去实践，最后找到最适合自己的方式去重复做。

3. 短视频营销较高明以及较有效的方式，是逐步打造个人品牌与企业品牌，所以内容一定要从品牌的角度去考虑是否匹配。

4. 短视频的素材可以是之前整理好的内容，比如我一开始做的视频，就是把我之前写好的文章或观点转成一个个短视频，这样可以节省更多时间。

5. 不一定非要专人去负责拍摄制作，就中小微企业来说，完全可以在平常工作中去发现一些特别的素材，随手记录即时分享。

6. 拍摄设备要求并不高，两三千元的智能手机就够用了，要效果更好一点可以加个辅助灯光、连线话筒，直接上网上找，价格也不贵。

7. 有空的晚上时间可以开一下直播，话题尽量以你的产品、业务为主，刚开始没有人气可以在朋友圈提前预告，先拉些熟人一起互动，这种方式很容易让潜在客户产生信任感，就和线下当面喝茶聊天一样。

8. 微信视频号的特点是可以基于朋友圈和公众号相互链接，所以最好把公众号文章也一起做，这样更容易实现链接与变现。

9. 短视频内容尽量以对用户有帮助、有启发和有共鸣为主，千万不要当成朋友圈一样随意，也不要单纯为了广告而广告。

10. 多分享自己熟悉的专业知识，要知道你所知道的，很可能外面 80% 的人都是不知道的，这就是你分享的价值体现。

以上 10 点就是我总结的短视频营销方法要点，希望让你有所收获和启发。很多事情其实方法都很简单，重点是需要你自己认真去执行。

总之，中小企业的短视频营销，核心就是要多展现你的真实情况、独到观点、优势卖点等，与潜在用户进行多角度互动。这就是和线下一样的真实社交，只要你敢想敢做，一切皆有可能，一起加油！

版权意识知多少

2019年由一张黑洞照片被某图片网给宣称版权卖价要数千元，而引发了系列对于此网站众多图片版权的质疑。大众的质疑点多聚集在：很多是摄影师随手拍张照片贴上水印就宣称有版权了，其中包含了众多品牌的LOGO，还有很多知名企业创始人的肖像照片等。

另外，通过从网友的众多反馈中得知，国内很多企业都有被图片公司起诉的经历，其中不乏知名大公司，当然他们起诉的对象主要就是针对大中型公司的，也就是有钱的企业，因为对于动不动几十万元的侵权赔偿款，一般的小公司也是赔不起的。

为何那么多企业容易被“坑”？

我这里就不去说图片公司的什么问题了，我认为最主要的原因还是多数人不了解什么是版权，总以为就一张图片嘛，用一下能怎样？

不要说很多企业家不理解了，就是很多设计从业者也不一定理解。这方面我也是自己创业两三年后，才慢慢了解一些实质情况。说到版权当然不只是图片，我们电脑里所安装的电脑字体多数也是有版权的。

在字体使用上，陆续听到同行和客户反映说，经常有收到发来的律师函，发现很多企业有被起诉要罚款几万到几十万元的例子。

比如微软雅黑字体，多数 Windows 电脑上都有安装，我们多数人都以为是微软家的，以为可以随便用，然后就有不少企业因为用了微软雅黑字体而接到起诉书。

还好，前些年开始陆续出现了不少免费可商用的字体，这些字体也基本能够满足常规的排版设计需求。不过要完全避免版权风险，最好还是找设计师定制设计企业专属的字体，比如腾讯、OPPO、vivo 都花重金推出了自有品牌专用字库。对于没有预算出专用字库的企业，其品牌 LOGO 的标准字体，是有必要根据自身品牌定位来设计企业专属字体的。

在图片使用上（不论在哪个媒介），最好用自己拍的照片，或者由设计公司定制设计的图片，才能真正有效地规避版权风险，也更能够积累自己的品牌价值。

版权意识知多少，企业全员要知道。

设计不等于开支，自主版权价值高。

号召全民学设计

网络上常看到一些设计师吐槽："设计师太难了！"当然我相信吐槽归吐槽，设计这个职业还是让很多人"爱不释手"的（包括我自己）。之所以会有如此"难"的现象，一是设计师心态没调整好，二是确实在工作中被客户折腾得够呛。五源设计早期也有过这样的经历，比如一个 LOGO 设计，花了一个多月时间，总计出了二十几个方案，可是客户最后定稿的是第一个方案。之后我反思出现这种情况的原因：一方面作为设计公司的我们，当时没有找到最直接的理由去引导客人；另一方面也与客人对设计的主观性（设计敏感度）有关。

很多人觉得设计是专业人士的活儿，好像跟自己没有关系，也没必要学。其实，设计真的与我们每一个人都有关系，而且我们每天都在享受着设计所带来的生活改变。"全民学设计"这个思路并不是希望大家都要改行来做设计，而是希望大家在生活与工作的过程中去发现一些设计的奥秘，了解一些基本的设计常识，以及生活中我们能感知到的一些趋势。当你坚持这个习惯并从小处开始，去做一些力所能及的改变时，我想你一定会收到意料之外的收获。

我看"设计"就跟"化妆"的发展类似，以前的人们大多不怎么化妆，但随着生活水平和整体素质的提高，现在的人大都非常讲究，也就是说"全民学化妆""全民学打扮"的时代已经开始了。

而现在国内的整体设计环境就是类似这个趋势，以前传统的企业基本都不重视设计，更不关注形象，现在的环境就好多了，越来越多的企业意识到设计的价值所在。我们去国外或者国内一、二线城市，就能感觉到好设计无处不在，我想这就是“全民学设计”的最好体现。

那么，全民学设计到底有什么好处？

1. 企业家不再为设计迷茫，甚至可以成为营销利器；

2. 顾客体验、满意度将大大提高；

3. 将诞生更多新兴行业与优秀品牌；

4. 生活品质、幸福指数将倍增；

5. 市容环境将大大改善，人文环境将大大提升；

6. 中国设计行业将迎来飞速发展的时代；

7. 设计不再是“难”的职业，而是一个伟大而受尊敬的事业。

看到这里，有人可能会有怀疑和顾虑：全民学设计说得轻巧，有那么简单?！下面我就提供一些基础的方法供大家参考与启发。

1. 从自身个人形象设计出发，关注流行趋势，适当尝试提升自己的形象，让家人、朋友、同事能感觉到不一样的你。

2. 适当把圈子放大，不要只在自己熟悉的圈子里混，多进行跨界的交流与学习。比如我经常带领团队成员到深圳、广州参加不同的活动，因为意识到自己口才表达的不足，还去报了演讲与口才班等这些貌似跟设计没有关系，可是又对我的设计工作帮助很大，很多时候思维方式就改变了。

3. 互联网是最好的老师，微信更是最好的机会，学会找资源、找方法，多看看一些好的设计作品，多关注些像“品牌有源”这样积极分享“干货”的优秀公众号。

4. 大家现在每天都在用微信，建议有机会想办法多加一些不同行业的优秀精英为好友，这样每天在朋友圈可以获取不少新的资讯（比如我的朋友圈有 5000 位好友，来自全国的设计师就有 1000 多位，大家想想这里面会有多少学习机会）。

5.逛街、逛商场时不要只记得消费，可以研究一下人家的设计，看到好的细节或者有参考价值的，可以用手机拍下来（需要时用得上）。

6. 参加展会也是很好的学习机会，我们应该站在消费者的角度去体验，相信不同的企业展位给人的印象一定是不同的。你还会发现有的展位挤满了人，而有的展位却空荡荡的，这里有很多的问题值得去思考，逛展会的过程别忘了收集一些好的资料（回去可以好好研究一下）。

7. 有时间可以多去大城市看看，或者在旅行的途中你也会发现不少与众不同之处，好好去观察并记到心里或拍到手机里。

以上是我个人多年的从业体会与真实感想，其实学设计的方法很多，不一定马上会有用，但我相信只要多观察、多留意、多积累，最重要的是需要回来想方设法落到实处，当你养成这个习惯之后，一切就豁然开朗了。我遇见过很多这样的客户或朋友，他们虽然不会设计，但是他们的眼光非常超前，他们很清楚怎样的设计是好的，怎样的设计是错误的，所以我们沟通起来就会非常顺畅，这个过程也是我们学习的过程。

虽然全民学设计目前还比较难，但我感知到这样一个趋势已经开始了。不管你信与不信，反正我信了；不管你做与不做，反正我做了！

设计经纪人“三赢计划”

我来广东十几年，算是经历过不少的事情，也要感谢一路帮助过我的很多人。我一直很相信一句话：**机会总是留给有准备的人！**

一路走来的成长与幸运，我也是靠自己一步步努力并怀有坚定的信念换来的。互联网的普及给我们带来了新的机会，我算是抓住了机会的尾巴，也可以说是做好了准备，机会就随之而来了！五源设计这么多年，没有招过业务员，自从2008年网站上线后，可以说大部分的设计业务都是来源于网络，而且多数是客户自己找来的。经常也有同行或设计师来问我，我们的客户是通过怎样的方式引来的。

其实一开始就是想尽一切办法，到一些网站上发布信息或作品等，再配合网站搜索引擎优化关键词，也经常写文章、更新作品等，为的就是让更多的潜在客户能看到我们。经过长期的努力与坚持，网站的排名上去后，每天能有几十到上百个访问之后，客户自然就来了。

就如放船一样：用户在哪里就把船开到哪里，把用户接过来，不在乎是大江还是大河，有流量的地方就有我的船。

我们多数人都会用微信，所以流量就从这里来了。我在2013年就意识到并开始研究学习微信，为的就是能方便“放船”，将五源的信息出现在潜在客户的手机里。我知道，有人可能会反感广告，但不可否认：**广告也是生活的一部分。**

我曾在公众号见过一位做自媒体的前辈写的文章，他说他写的每一篇文章都是广告，但他写每一篇文章都只有一个目的，就是打造个人品牌。我看完后觉得非常认同，也解除了我很多年的顾虑。

比如，我在逼着自己多写写原创的观点文章，但是经常阅读量只有几百，为什么呢？可能有的朋友一看标题，感觉是广告就不看了，更不愿分享，有些人看了不爽可能直接取消关注，还有些人忍不了非要在后台留言骂一顿。

以前我对于这种情况还挺受打击的，然后怀疑自己，以至于不想再写了。但是现在想通了，不忘初心，坚持自己就好。写文章就是我的一个表达窗口，你觉得是广告，但我认为这是最好的分享，哪怕只能帮到一个人我也开心，而且对于有需求的客户来说，这就是收获。

现在我们来说正题：**诚招设计经纪人。**

如今不少人在做微商，很多微商天天朋友圈疯狂刷屏，但真正做得好或者赚到钱的并不多，反而导致朋友把他屏蔽，得不偿失。我就想到了一个很好的想法，就是设计经纪人。直接的好处就是简单、轻松，不用刷屏，能学到东西，还能帮到身边的朋友，当然，我确信也会赚到不少钱。

因为这是一个三赢计划，涉及如下三方：

1. 我相信现在很多企业会越来越重视品牌形象，它们很可能想找五源设计这样的设计公司，但是因为圈子里不认识这样的人，找外面的又不放心，或者不知道去找怎样的设计公司。

2. 很多人因为工作或者职业的原因，身边的朋友圈、关系圈或多或少会遇到这些资源与需求，这个时候如果你是五源设计的经纪人不就好办了吗？

3. 五源设计之前的业务来源，多数是网络以及老客户介绍等，也可以说缺乏线下社交圈子，我的学习、工作、交流圈子等都在网络上，即使是本地客户，也是通过网络或朋友圈找来的。

所以，我想不如把这个优势放大化，乔·吉拉德说："销售，绝不是降低身份去取悦客户，而是像朋友一样给予合理的建议。"你刚好需要，我刚好专业！

那么，设计经纪人的角色，就在于将"需要"连接"专业"。

哪些人更适合做设计经纪人？

其实我也不想太局限，因人而异吧，还要看个人身边的资源。这里我也提供几个参考。

1. 设计师。可以是各行业、各类别的设计师，因为设计师接触企业或老板的机会也是挺多的，设计师很多能力有限，不是所有活儿都能搞定，所以由他们介绍客户也是常有的事，五源就接过来自设计师引荐来的客户。

2. 摄影师。现在很多企业也十分重视摄影作品，所以会请外面专业的摄影师，而很多时候好的摄影，还需要配合好的设计来支持才更有效果。

3. 广告人。我曾经接到一些广告人打来电话咨询，想找我们进行业务合作，因为他们的专长是执行与制作，那么设计这块以设计经纪人的身份来引荐是最好的合作。

4. 营销师。随着移动互联网的迅猛发展，很多企业觉得自己不懂网络营销与推广，所以可能会考虑找一些营销策划师合作，但多数的营销师对设计这块又不擅长，而设计又是营销策划上价值最大化的一面。

5. 市场精英、企业老板、自媒体人、商会秘书等。只要是有可能接触到品牌设计资源的人群，都是很适合做设计经纪人的。

如何成为我们公司的设计经纪人？

很简单，首先是认同本书观点和了解我们的优势，然后有相关项目资源时，你做一下“链接”就好，当然你也可以主动去发现、寻找需求，比如通过朋友圈展示我们的一些作品或者介绍资料。

这样的话，只要你身边的朋友正好有需求，自然就会向你咨询，这个时候你就以朋友的身份，把我们引荐过去，接下来所有的工作交给我们就好了。

当然，具体的方式方法还有很多，在你有意成为我们公司的设计经纪人后，我将通过微信进行日常沟通指导。总之，可以说是简单轻松的，而且可以收获新鲜的“干货”知识，同时也是共同打造个人品牌的特别实践。

实际的好处：

1. 最基本的项目提成收入。这里要说明的是，我们只给提成，不给回扣，因为提成是你应得的，而回扣是害人害己的，需要给回扣去忽悠客户的事情我们不干！

2. 打造个人品牌，实现自我价值。

3. 帮助身边的朋友，做自己想做的事。

感谢“源”分，我在五源设计等你！